二黒土星（じこくどせい）

直居由美里

大和書房

風水は人が幸せに生きるための環境学

人は地球に生まれ、その地域の自然環境と共存しながら生き、生涯を終えます。その人の生涯を通して、晴れの日や嵐の日を予測しながら幸せに生きていくための環境学が風水です。

人は〝宿命〟という、生まれながらにして変えられない条件を背負っています。自分では選べない生きるうえでの条件なのですが、二十歳(はたち)頃から自らが社会に参加し生きていくようになると、宿命を受け止めながら運命を切り開くことになるのです。

そうです。運命は変えられるのです。

「一命二運三風水四積陰徳五唸書(いちめいにうんさんふうすいしせきいんとくごねんしょ)」という中国の格言があります。人は生まれてから、自らが自らの命を運んで生きている、これが運命です。風水を取り入れることでその落ち込みは軽くなり、運気の波は上り調子になっていくのです。そして、風水で運気が上昇していく最中でも、人知れず徳を積み（四積陰徳）、教養を身につける（五唸書）努力が必要であることを説いています。これが本当の幸せをつかむための風水の考え方です。

出会った瞬間からハッと人を惹きつけるような「気を発する人」はいませんか？「気」とは、その人固有の生きる力のようなもの。自分に適した環境を選べる“磁性感応”という力を持っています。

本書で紹介している、あなたのライフスター（生まれ年の星）のラッキーカラーや吉方位は、磁性感応を活性化させてよい「気」を発し、幸運を引き寄せられるはずです。

CONTENTS

2024年はこんな年

若々しいパワーに満ちる1年

2024年は三碧木星（さんぺきもくせい）の年です。20年間続く運気のタームである、第九運の始まりの年にもなります。

これからは新しい生活環境や働き方をはじめ、世の中のシステムが見直されていきます。2024年は三碧の象の力強い若い力をあらわし、若者の行動や新規ごとに注目が集まりそう。新しい情報や進歩、発展、活発、若さなどがキーワードになります。

若者がニュースの主役に

九星の中で最も若々しいパワーを持つ三碧ですが、未熟さ、軽率、反抗的な行動なども要素として持っています。よくも悪くも10代の言動が、社会を驚かせることでしょう。安易な交際や性犯罪の話題があるかもしれません。

草木は発芽するときに、大きなエネルギーで固い種子の皮を打ち破ります。そのため、爆発的な力を持っていることも2024年の特徴です。

新しい価値観がトレンドを生む

子どもの教育やスポーツにも関心が集まります。大きなスポーツ大会では、若い選手たちの活躍が期待できます。また、ＡＩを駆使した音楽もつくられていくでしょう。コンサートやライブなどの音楽イベントもＩＴ技術によって、新しいスタイルが定番となります。若い男性ミュージシャンや評論家、ボーイズグループも目立ち、ソロ活動する人にも注目が集まるでしょう。

ファッションも、若者たちの感性から、新しい素材やユニセックスを意識したスタイルが生まれます。

言葉によるトラブルに注意を

三碧には言葉や声という象意（しょうい）もあります。若者特有の言葉や造語が流行語になります。また、詐欺や嘘が今以上に大きな社会問題になる可能性が。地位ある人や人気者が失言により失脚することもあるでしょう。

ガーデニングなど花にかかわる趣味やイベントが注目を集めます。風水では生花はラッキーアイテムのひとつですが、特に２０２４年は季節の花を欠かさないようにしましょう。また、新鮮、鮮度も三碧の象意。初物や新鮮な野菜を使ったサラダがおすすめです。

2024年

二黒土星のあなたのラッキーアイテム

大地をあらわすアースカラーがラッキー。
今年は森をイメージするアイテムを取り入れて。

バッグの中身

ペパーミントグリーンのエコバッグ

ペパーミントグリーンのアイテムがラッキー。エコバッグなど身近なものから取り入れましょう。

葉っぱモチーフのキーホルダー

森の木をイメージするアイテムが吉。葉っぱモチーフのキーホルダーで運気を上げて。陶器製のものがおすすめ。

葉っぱモチーフや陶器製アクセがラッキー。

インテリア

木製チェスト

今年のラッキーアイテムは木製の家具。細かな引き出しがついたチェストをリビングに置き、こまごまとしたものを収納しましょう。

粘土の猫のブローチ

二黒は陶磁器など土を使ったアイテムが基本のインテリア。粘土の猫のブローチをトレーなどに入れ、見えるところに飾って。

A MESSAGE TO YOU

二黒土星のあなたへ

二黒は土のエネルギーを象徴 2024年は出会いとチャンスに恵まれる開花運

二黒土星は母なる大地の星。慈愛に満ちた心で人に接し、成長を促します。地道な努力を重ね、人を励ましながら家族や組織を支えることも多いでしょう。二黒の人は謙虚な印象を与えることが多いのですが、内に秘めたパワーは強大で、時間をかけて大きな成果を手にします。第1章の「二黒土星の自分を知る」を読めば、あなたがまだ気づいていない隠れた力がわかります。

2024年の二黒は開花運がめぐってきます。これまでにまいた種が発芽し、花をつけるとき。やる気に満ち、周囲からのサポートも得られ、物事がスムーズに運びます。コミュニケーション力を発揮し、人間関係をさらに広げていきましょう。出会いに恵まれる今年は、人からもたらされるチャンスがあり、新しいことにもチャレンジできます。周囲からサポートを受けたら、感謝の言葉を伝えましょう。

17歳　2007年生まれ／亥年

人間関係が活発に動き出します。SNSのやりとりが今以上に多くなり、不用意なアクセスをしやすくなりそう。安易な「いいね」や拡散はしないこと。携帯電話の画面はいつもきれいに拭き、悪い情報を入りにくくして。

26歳　1998年生まれ／寅年

日本の伝統文化に触れましょう。着物や浴衣を着たり、茶道や華道のお稽古を始めるのもおすすめです。風呂敷や扇子、風鈴などを日常生活に取り入れましょう。あなたがシングルなら結婚の話も出てきそうです。

35歳　1989年生まれ／巳年

交渉ごとはよい結果を引き寄せられます。朝起きたら窓を開け、新鮮な風を通すようにしましょう。通勤は余裕を持って、早めに出勤してください。仕事は優先順位をつけ、こまめにメモや伝言を残すようにしましょう。

44歳　1980年生まれ／申年

チームのサポートを得て、スムーズに前進することができます。頼まれごとも多くなり、ストレスが増えます。負担が大きいものは、引き受けないようにしましょう。断る勇気を持つことも大切です。

53歳　1971年生まれ／亥年

部下など若い世代とのコミュニケーションを大切にしてください。相手の立場に立って、物事を考えること。遠方とのやりとりが増えます。スムーズに対応できるように航空会社のアプリをダウンロードしておきましょう。訪問先への手土産も忘れずに。

62歳　1962年生まれ／寅年

今までの生き方からシフトチェンジすると、新しい人脈が増えます。周囲の目を気にせず、自分の意志で物事を判断するように心がけてください。あなたが自然体で付き合える人たちとの縁を大切にしましょう。頂き物が多くなります。お礼状は手紙にすると○。

71歳　1953年生まれ／巳年

友人とのお付き合いや趣味を楽しめ、充実した日々が過ごせます。旅行も多くなりそう。飛行機で移動し、日本旅館に宿泊するプランがおすすめ。花見や花火、紅葉など日本の四季を大いに楽しみましょう。集合時間などはよく確認し、手帳にメモすることも大切です。

80歳　1944年生まれ／申年

頼まれると断れないあなたですが、できないことははっきり断りましょう。また、家を大切にするあまり、周囲に無理を強いていないかどうか確認を。活発にお付き合いを楽しんだら、ひとりの時間も大切にして、疲れを残さないようにしてください。

第1章 二黒土星の自分を知る

二黒土星はこんな人

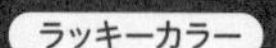
ラッキーカラー　山吹色、キャメル、黒、クリーム色
ラッキー方位　南西

慈愛にあふれる縁の下の力持ち

二黒土星は母のような大地をあらわし、畑の土のように、どんな作物も支えて育てる力を持っています。日照りや嵐といった自然の災害で植物が枯れてしまったり、流されてしまったりしても、育てることをやめません。

二黒土星のあなたもそんな大地の土のように粘り強く、多くの人を育(はぐく)みながらそれを自分の喜びにできる人です。自分が前面に立つことは好まない、縁の下の力持ち的存在。その実力がかわれて、人に引き立てられることが多いのもこの星の特徴です。

長い年月をかけて植物を育て上げるのは、まじめにコツコツと物事に取り組む姿そのもの。受け身に回ったときほど強さを発揮する努力家です。自分以外のもののために力を注ぐことは、二黒土星にとっては当たり前のこと。これが自分自身を成長させることにつながります。面倒見がよく、困っている人を見過ごすことができません。こうして周囲から得た信頼が、あなたの大きな財産になるのです。

ラッキーカラーは山吹色、ラッキー方位は南西

右ページにあるラッキーカラーとは、一生を通してあなたの運気を助ける守護色です。色のパワーがあなたに働きかけ、あなたの発する気をよいものにしてくれます。住まいのインテリアや洋服、持ち歩くものに取り入れるとよいでしょう。また、ラッキー方位とは自然界のよい気が自分に流れてくる入口のようなもので、住まいの中で大切にしたい方位です（48ページ参照）。二黒土星のラッキー方位は南西なので、住まいの南西が汚れていると邪気のまじった気を受けることになります。ですから、いつもきれいにしておくことが大切です。また、南西を枕にしたり、南西を向いて座ったりすることは、あなたの内側から湧いてくる力を高めてくれる効果もあります。

二黒土星の人生

忍耐と献身で豊かな人生を送る

植物を育てるように、コツコツと地道な努力を続けることが大きな成功を収めるための基本です。「苦労は買ってでもする！」の精神が自分を磨くことに。これを怠らなければ、若い頃から素直な性格と誠実さで信用を集めます。頑張っていることを認めてもらいたいタイプなので、あなたを上手に褒めてくれる人、あなたを引き立ててくれる人が才能をのばしてくれるといえます。若い頃の努力は中年期以降に開花し、これまで自分がしてきたことが返ってきます。誰かの支援を受けたり、人に引き立てられることで大成します。難局にあってはひとりでなんとかしようとせず、人に頼って生きていくほうが運に恵まれます。〝寄らば大樹の陰〟という言葉がありますが、二黒土星は年長者やお金を持っている人に頼ることで人生が安定します。

まわりに養分を与え続けることをやめない二黒土星の人生には、人のために何かをするということがつきまといます。献身性は、あなたの成功とは表裏一体で、育てる対象がいたほうが、人生はより実り多いものになるでしょう。仕事は補佐役がぴったったりで、組織でいうなら副社長タイプです。面倒見のよさをかわれて、後進を育てる立場につくでしょう。ただし、決断力に欠けるので、ここぞというときに意思決定できずチャンスを逃すこともたびたび。大事なときに決断できるかどうかが課題です。

縁の下の力持ちで大器晩成型

人生は今の経験が積み重なってできあがっていくもの。浮かれず、落ち込まず、長い目で人生を見渡しながら年齢を重ねるとともに高めていく運気を、晩成運といいます。よりよい晩成運の波にのるためには、自分の人生が遅咲きか早咲きかを知り、人生の基盤を強固にしていくべきです。

二黒土星は遅咲きの星で、ナンバー2として活躍する大器晩成型。年齢を重ねるに従い自己顕示欲から前に出ようとするのを控え、肩の力を抜いて黒子に徹していきましょう。前に出すぎると晩成運はダウン。孤立すると発展しない星なので、年齢、性別、肩書きなどにとらわれず、さまざまなタイプの人とかかわっていきましょう。また、人のためになるよう行動することで、成功が巡りめぐってあなたのもとにやってきて、よりよい晩成運をつかむことにつながります。

二黒土星の金運

まじめでコツコツ貯める堅実な金銭感覚

堅実な性格ですから、金銭管理は得意なタイプ。慎ましい生活の中でも自分なりの楽しみをみつけ、上手にやりくりをすることができます。小遣い帳や家計簿を面倒がらず続けられ、蓄財できる金銭感覚の持ち主です。

若い頃はお金に縁があるほうではないので、派手な出費は控え、コツコツと貯蓄していくことです。この時期十分な収入が得られずつらい思いをすることがあるかもしれませんが、このときの経験が金銭感覚を磨くことになります。中年期から徐々に楽になり、不動産で財産を殖(ふ)やして、土に関する副業を持つことで金運に恵まれるはず。一攫千金(いっかくせんきん)ねらいには向いていないので、投機的な財テクや賭けごとには手を出さないこと。資産は安全第一で運用しましょう。

人脈作りのための投資は、将来の自分の糧(かて)となることも忘れないように。ただし、面倒見がよく困っている人を見過ごせない性格なので、気軽に借金の保証人になって損害をこうむる危険も。金銭がらみの頼まれごとは断る勇気も必要です。

二黒土星の才能・適性

情に厚く副社長タイプで生きる

献身的に確実な仕事を続けることで、キャリアを積んでいくタイプです。与えられた仕事は堅実にこなし、周囲に安心感を与えるのが持ち味。特定の分野にねらいを定めて粘り強く取り組むことで、自信や実力が備わります。ですから、早くに方向性や目標を定め、転職を繰り返すのは避けましょう。若い頃から技術や資格を身につけ、早くから自分の道をみつけて精進（しょうじん）すれば、中年以降はそれが実を結ぶでしょう。

てきぱきと指示を出し、先頭に立って人を引っ張っていくリーダー役ではなく、金銭感覚にすぐれた副社長型といえます。情に厚いところがある庶民派なので、後進のよき相談相手となります。でも情け深いところがビジネスに出てしまうとなかなか決断できないことも。仕事で成果をあげるには、素早い対応が求められそうです。面倒見がよいので、教育係として適しています。二黒土星に向く職業は、看護師、保育士、幼稚園の先生、介護福祉士、ケアマネジャー、栄養士、演出家、脚本家、動物園の飼育係、会計士、税理士、手工業職人などです。

二黒土星の恋愛・結婚

きめ細かい控えめな世話好きタイプ

献身的な性格は恋愛においても同じで、まずは信頼関係を土台にして、ゆっくりと愛を育んでいくタイプです。情熱的な恋をするタイプではなく、上手に口説いたり、積極的にアプローチしたりするのは大の苦手で恋愛下手といえるでしょう。ただ、あまりにも控えめな態度でいると相手に気持ちが伝わらず、恋は成就しません。大切なときの意思表示ははっきりさせることが幸せをつかむ鍵。また、うまくいっているときはいいのですが、関係を清算したいときにはあなたの決断力のなさが裏目に。別れをなかなか決断できないと、新しい恋をするチャンスを逃します。

好きになると献身的に愛情を注ぎ、相手にとことん尽くす家庭的な人。恋愛よりもお見合い向きといえるでしょう。自分で意中の人を探すよりも、人からの紹介に良縁のチャンスが多くあります。結婚に関しては安定志向なので、相手に対して誤解やアクシデントを招くような行動はとりません。親身になって世話を焼きますが、度が過ぎると、相手が息苦しく感じてしまうことも。適度な距離を保つことが大切です。

二黒土星の家庭

聞き役に回って家庭円満

あたたかい家庭を目指し、家族に対する思いは人一倍。親思い、子ども思いなので家との結びつきは強いほうです。家族は多いほうがいいと考えるタイプなので、子だくさんの人も。親類縁者からの信頼も厚く、相談ごとや悩みごとを持ち込まれることもたびたびです。故郷から離れて暮らしても、両親や祖父母への敬意は忘れません。

また、帰省することが多いでしょう。家との縁が強いぶん、家族を犠牲にしてまで自分が幸せになることに抵抗を感じる人も。二黒土星に晩婚の傾向があるのもそのためです。ただし、あまりにも自己犠牲の精神が強いと、自分の幸せを逃します。よくも悪くも母親からの影響が強く、それが家族観に深くかかわっている人が多いようです。

穏やかな家庭を築きたいなら、仕事よりもなるべく家庭のことを優先に考えることです。自分に悩みごとがあればひとりで考えず、家族全員で分かち合うことでよい解決策が得られます。家族が問題を抱えていたら、意見やアドバイスを与えるのではなく、聞き役に回って。あなたのやさしさが家庭に明るさをもたらします。

幸運をもたらす

人間関係

人を支え、与えたエネルギーは倍になって戻る

人には持って生まれたエネルギーがあり、それを象徴するのがライフスターです。113ページから紹介するライフスターが深く関係します。

人間関係においてはそのエネルギーが深く関係します。113ページから紹介するライフスター同士の相性というのはそのひとつですが、これとは別に、あなたに特定の幸運をもたらす相手というのも存在します。それをあらわしたのが中央に自分のライフスターを置いた左の図です。それでは、どんな関係かを見ていくことにしましょう。

運気を上げてくれるのが六白金星（ろっぱくきんせい）。これはともに働くことであなたに強運をもたらしてくれる相手。あなたの運気を助けてくれる人でもあるので、一緒に長く頑張っていける関係です。お互いプライベートなことは詮索（せんさく）しないで、一定の距離感を持った付き合いをすることです。やる気を引き出してくれるのは八白土星（はっぱくどせい）。あなたにハッパをかける人でもあり、この人に自分の頑張りを試されるといってもいいでしょう。七赤金星（しちせききんせい）はあなたに精神的な安定を与える人、三碧木星（さんぺきもくせい）は、名誉や名声を呼び寄せてくれる人です。

名誉を与える 三碧木星	安定をもたらす 七赤金星	蓄財をサポートする 五黄土星
お金を運んでくる 四緑木星	自分の星 二黒土星	チャンスを運ぶ 九紫火星
やる気を引き出す 八白土星	運気を上げる 六白金星	新しい話を持ってくる 一白水星

＊この表は、星の回座によりあらわし、北を上にしています。

よくも悪くも新しい話を持ってきてくれるのが一白水星です。それに合わせて、今までにない新しい交友関係ももたらしてくれます。

金運は四緑、九紫、五黄

金運をもたらす関係といえるのが、お金を運んでくる四緑木星、実利につながるチャンスをもたらす九紫火星です。仕事のクライアントや給与を支払ってくれるのが四緑の人なら、経済的な安定をもたらします。九紫は仕事の話や自分にはない人脈を運んできてくれる人です。また、蓄財のサポート役である五黄土星は、財テクや貯蓄プランの相談役として心強い相手です。

9タイプの二黒土星

性格は生まれ月で決まる！

生まれ年から割り出したライフスターは、生きていく姿勢や価値観などその人の本質を強くあらわします。でもその人となりの形成には、ライフスターだけではなく、生まれ月から割り出したパーソナルスターも深く関係しています。

パーソナルスターからわかるのは、性格、行動など社会に対する外向きの自分。下の表からみつけてください。たとえば、あなたが二黒土星で3月生まれならパーソナルスターは一白水星。二黒の本質と一白の性質を併せ持っているということです。

自分のパーソナルスターをみつけよう

ライフスター／生まれ月	一白水星 四緑木星 七赤金星	三碧木星 六白金星 九紫火星	二黒土星 五黄土星 八白土星
2月	八白土星	五黄土星	二黒土星
3月	七赤金星	四緑木星	一白水星
4月	六白金星	三碧木星	九紫火星
5月	五黄土星	二黒土星	八白土星
6月	四緑木星	一白水星	七赤金星
7月	三碧木星	九紫火星	六白金星
8月	二黒土星	八白土星	五黄土星
9月	一白水星	七赤金星	四緑木星
10月	九紫火星	六白金星	三碧木星
11月	八白土星	五黄土星	二黒土星
12月	七赤金星	四緑木星	一白水星
1月	六白金星	三碧木星	九紫火星

月の初めが誕生日の場合、前月の星になることがあるので携帯サイト（https://yumily.cocoloni.jp）で生年月日を入れ、チェックしてください。

9 パーソナルスター別タイプの二黒土星

パーソナルスターは一白から九紫まであるので、同じ二黒でも9つのタイプに分かれます。パーソナルスターも併せて見たあなたの性格や生き方は？

一白水星（いっぱくすいせい）

人あたりがよく世渡り上手に見えますが、実はしっかり頭の中で計算した人付き合いができる人。でも、困っている人は見過ごせない情の厚さも。表面的なソフトさとは裏腹に実はとても頑固者です。秘密主義的な面が誤解されることも。ひとりで頑張るより他人の力を借りたほうが運は開けます。

二黒土星（じこくどせい）

コツコツと努力を積み重ねていく努力家ですが、本心はそれを褒めてもらいたいと思うタイプ。周囲の視線を集めたいという自己顕示欲も強く、わがままなところも。堅実そうに見えますが、ときには大胆な行動に出て周囲を驚かせます。素直に謝ることができないとトラブルを招きます。

三碧木星（さんぺきもくせい）

世話好きで面倒見がいいものの、弁が立つので、ときにはいらぬことを言って相手から敬遠されることがあります。理論的に考えるあまり、なかなか行動に移せず、自分をもどかしく感じてしまうことも。ナイーブな面を見せつつも、いざというときはしっかり根性を発揮できる人です。

四緑木星（しろくもくせい）

温和で社交派の顔を持つ一方、見えないところで頑張る努力と根性の人です。外に上手に働きかける四緑と自分でエネルギーを生み出す二黒の両方を持ち合わせ、ひとりでチャンスをものにして成功します。他人には献身的、でも身近な人には釣った魚にエサはやらないタイプです。

五黄土星（ごおうどせい）

五黄と二黒の土のエネルギーを持っているので、とっても努力家。その努力を苦労と思わずにいられる強い人です。何に対してもマイペースで物事を進めるほうですが、実は周囲のことをきちんと考えて行動しています。リーダーと補佐役の二役をこなせる素質を持っています。

六白金星（ろっぱくきんせい）

主役になることよりも、サポート役に徹することに満足感を得るタイプ。六白の竜巻のエネルギーが人を巻き込むので、自分では地味にやっているつもりでも、いつのまにか支援者が手助けしてくれます。情に厚く、困っている人を見過ごせませんが、度を越すとおせっかいととられることも。

七赤金星（しちせききんせい）

華やかで軽い雰囲気を持つ人ととらえられがちですが、実はとても忍耐強く、つらいことも投げ出さずコツコツ取り組んでいける人です。話し上手で社交的な一方、控えめで、相手を立てることも非常に得意。金の星の七赤と堅実な二黒の組み合わせなので、お金に困ることはありません。

八白土星（はっぱくどせい）

山の八白と大地の二黒の組み合わせなので、どっしりとした安定感を周囲に与えます。包容力があり、人の面倒見もいいタイプです。困難な局面も乗り越える粘り強さがあります。堅実な性格が強調されるのが金銭面です。どんな生活も苦にせず、その中で楽しみ方をみつけられます。

九紫火星（きゅうしかせい）

明るく情熱的で、裏表のない性格です。勝ち気で闘争心が旺盛（おうせい）ですが、困った人を見過ごせないやさしさも備えています。なんでも自分で決めていくように見えるかもしれませんが、自分では決断力のなさに悩んでしまうこともたびたび。交友関係においては出会いと別れを多く経験します。

第2章

二黒土星の2024年

2024年の全体運

2024年2月4日～2025年2月2日

物事がスムーズに進む1年に

２０２４年、二黒土星にめぐってくるのは開花運です。季節で言えば花咲く春。運気の盛り上がりを実感できるでしょう。あなたの身辺の物事が整い、スムーズに動き出します。目標達成のための今までの努力が、一定の評価を得られる年にもなります。公私ともに出会いも多くなり、人脈が広がります。チャンスは人が運んでくるもの。２０２４年はチャンスにも恵まれるので、小さな出会いも大切にして幸運を引き寄せてください。

二黒は人に対して献身的なサポートをします。あなたの思慮深い態度が魅力となり、多くの人を惹きつけるでしょう。周囲との関係を確かなものにするためには、あなた自身をよく理解してもらうことが大切。長

2024年の吉方位

北 / 北東 / 東 / 南東 / 南 / 南西 / 西 / 北西

2024年の吉方位　北、南、北東、南西

2024年の凶方位　東、西、北西、南東

所である粘り強さややさしさを忘れずに活動してください。外見もあなたの人となりを表現する大きな要素です。身だしなみはいつも以上に気を配り、周囲に好感を与えるように心がけてください。運気を生かすためにはコミュニケーション力が鍵。社交は不得手(ふえて)なあなたですが、本心を伝えるようにしましょう。

人助けはできる範囲内で

困っている人を放っておけないあなたですが、付き合う人を選ばないとトラブルが発生しやすくなります。周囲からの要望も増え、何から手をつけていいのかわからなくなるかも。頼まれてもすぐに引き受けないこと。できる範囲で力を貸すようにしてください。友人とはこまめに連絡をとり、情報交換を。遠方の友人には手書きの手紙を出すと、人間関係が復活して新しいチャンスに恵まれます。

2024年は日本の伝統文化に触れると、運気の波にのれます。茶道やお習字、着付けなどを学んだり、日本旅館に泊まるようにしましょう。風鈴を吊るしたり、扇子や風呂敷を活用するのもおすすめです。和室では敷居を踏まないなどの作法を心がけると、あなたの魅力がいっそう輝きます。

2024年の金運

お金を社会で育てる心がけを

あなたの人脈からもたらされるプロジェクトや、広くなる人脈が金運を運んできます。金運に恵まれる2024年はお金を貯めるより、上手に使うことが開運の鍵。お金は持っているだけでは意味がありません。社会の中で人のために使うことで大きく成長していくものです。人を喜ばせることにお金を使ったり、人を助けるための寄付をしてお金を社会の中で循環させていきましょう。

2024年は人付き合いが活発になるので、交際費がいつもより必要になります。交際費は必要経費だと考え、余裕を持たせましょう。計画的に収支を管理することが得意なあなたですから、上手にコントロールできるでしょう。キャッシュレス決済の内容も定期的にチェックしてください。

自己投資にも最適な運気です。新しく学びたいことや、取得したい資格があるなら、講座やスクールに通うのもおすすめです。知識や技術を得るだけでなく、そこで知り合う人たちもあなたにとって大切な存在となります。思ったことはすぐに行動に移し、エネルギッシュに活動することがさらに金運を活性化させます。

長期的なマネープランも今後の金運に影響するので、目先の利益に左右されず、じっくりと考え、決めましょう。そのためにもこまめにニュースをチェックすることが大切です。

他人を当てにせず、自分で判断する

周囲の目を気にしすぎたり、人の力を当てにしているとせっかくの金運を生かすことができません。また、調子のよいあなたに惹かれるように、要注意人物も近づいてきます。人の話をうのみにせず、情報の真偽は自分で確認しましょう。契約書などの書類も丁寧に目を通すこと。納得できないことがひとつでもあれば、その話は見送ったほうがいいでしょう。スマホに届く怪しい情報にはアクセスしないように。お買い得情報にもすぐに飛びつかないほうが賢明です。
また、常にお財布の中を整理整頓してください。レシート類はお財布の中に入れないこと。レシートや領収書はいわば過去のもの。お財布の中には過去のものを留まらせないことが大切です。

2024年の仕事運

チームで情報の共有を

努力家のあなた、その努力が形になってキャリアアップが期待できます。仕事運も好調ですから、少し高めの目標を設定し、それをクリアするようにしましょう。運気の波にのるためには、人間関係を大切にすること。チームのメンバーがスムーズにコミュニケーションをとれるように、あなたが段取りを整えてください。仕事のネットワークは遠方にも広がります。オンラインを活用しながら徐々に、信頼関係を深めていきましょう。素直で事務処理能力の高いあなたですから、スムーズに前進できるでしょう。交渉ごとにはよい結果がもたらされそうです。ただし、中途半端な対応をすると運気のサポートは得られないので注意してください。あなたの高いリスクマネージメント能力を発揮しましょう。

リーダー的な立場をまかされたら、合議制でチームをまとめるようにしてください。周囲に相談するのを忘れないこと。メンバー全員が情報を共有し、同じ目標に向かっていることを確認しながら進んでいきましょう。人間関係を大切にするために、オフィスの北西にカレンダーや森の写真を飾ってください。

仕事の勉強会やコミュニケーションスキルアップのためのセミナー、異業種交流会などにも積極的に参加しましょう。未知の世界で活躍する人脈ができ、将来のキャリアアップにつながります。

 早めの出社で、心のゆとりを

忙しくて、マイペースが維持できません。ついつい無理をしがちで、人疲れも。通勤は余裕を持ち、早めに出社するようにしましょう。アドレス帳や名刺の整理、メールの返信は早めにすること。上司への報告、連絡、相談もこまめにすることが重要です。会議で受け身の提案をしていると、周囲からは自分の立場を守りたいだけと思われます。特に数字の扱いには細心の注意を払ってください。トラブルの謝罪を言い訳から始めてはいけません。あなたにとっては正論でも、相手の感情を思いやることが大切です。ストレスを感じたら、会社帰りに花屋へ寄って季節の花を買ったり、デスクに一輪の花を置くと、よい気に包まれて気持ちも落ち着きます。疲れているときこそ、笑顔とやさしい言葉を忘れないようにしましょう。

2024年の恋愛・結婚運

出会いに恵まれる運気！

あなたの魅力に磨きがかかり、出会い運や恋愛運に恵まれます。恋愛では不器用なところがあるあなたですが、見栄を張らなければ、運気の波にのれるでしょう。2024年は出会いを待つのではなく、あなたから出会いのきっかけをつくるようにしましょう。また、今年は周囲のサポートが恋愛を左右します。出会いや結婚を望んでいるのなら、まわりの人たちにさりげなく伝えておきましょう。初対面の人には第一印象が重要です。笑顔での挨拶を忘れないように。小さな声では恋のチャンスを引き寄せられません。はっきりとやさしいトーンで挨拶をしましょう。気にも留めないような出会いでも、恋に発展する可能性があります。また、今までの仲間や友人が、恋人に昇格する可能性も期待できます。

いろいろなタイプの人と出会いますが、付き合う相手は条件ではなく人柄を重視してください。人の意見に左右されず、自分の見る目に自信を持つこと。また、先方に脈なしとわかったら、すぐに気持ちを切り替え、次のチャンスを生かす準備をしましょう。新しく知り合った人とはSNSやオンラインだけで連絡をとるのではなく、手紙を書いて送ると、あなたをより深く印象づけることができます。

過干渉は控え、プレッシャーをかけないこと

恋に落ちると、相手に尽くしたくなるあなた。過干渉になり、相手が負担に思うこともあります。あなたの気持ちだけで行動せず、相手の状況を考えることが大切。相手のペースに合わせるのも思いやりのひとつです。愛情の押しつけはせっかくの恋愛運を下げるので注意してください。

いろいろな人からアプローチされ、あいまいな態度をとっていると大切な人が離れていきます。また、相手の気持ちを試すような言動は、せっかくの運気を下げます。告白をされたらスピーディーに返事をすること。決心がつかないのなら、その人とは縁がなかったと考えましょう。家族や友人の目を気にしがちなあなた。まずはシンプルに自分の気持ちに正直になってください。

交際中の人は結婚を急かすと相手がプレッシャーを感じそう。あなたの気持ちが決まらないなら友人に相談を。新しい観点からアドバイスしてもらえそうです。

2024年の家庭運

家族でリラックスする空間を

家族との時間を何より大切にするあなたですが、開花運がめぐる2024年は忙しく、一緒に過ごす時間が少なくなります。さらに慌ただしさから、言葉の行き違いが起こり、コミュニケーションがギクシャクしそうです。それを避けるためには家庭に仕事を持ち込まないこと。家族と一緒に食事をしたり、買い物にいくようにするといいでしょう。家族で料理を楽しむのもおすすめです。「おはよう」「おやすみ」などの挨拶も気の交換になるので忘れないように。

リビングに生花を飾り、みんながくつろげる空間づくりを心がけましょう。また、観葉植物の葉についたホコリを払うと家族間のトラブルが少なくなります。

長女がいる家庭はトラブルに見舞われる可能性が。あなたの価値観で頭ごなしに叱るのではなく、ニュートラルな気持ちでじっくり話を聞いてあげてください。そしてわかりやすい言葉でアドバイスをしてあげましょう。夫婦でマンネリを感じているならふたりで空港に行くと、新鮮な刺激になり関係改善につながります。

2024年の人間関係運

適度な距離感が重要

2024年は新しい知り合いも増えますが、プライバシーに立ち入らないことが大切です。また、あなたが知った個人情報をほかの人に伝えてもいけません。調子のいいことを口にする人には近づかないことがトラブル回避になります。新しい知り合いとは適度な距離感をキープすれば、有意義な人間関係を築けます。食事や飲み会では割り勘にして、貸し借りをつくらないことも人間関係をスムーズにする鍵です。

また、人を攻撃しない、噂話に参加しないことも重要。トラブルを解決したり、仲介するような活躍も求められそう。あなたの思慮深さを発揮してサポートしてあげましょう。ただし、手に負えない問題は安請け合いしないで。相手に期待を持たせ、信用を失う結果になります。

友人と一緒に買い物や食事を楽しむと、絆が深まりそう。ラッキーなことがあったら友人や家族に小さなプレゼントをして、日頃の感謝を伝えましょう。おしゃれをすると気が整い、人間関係にもご縁が広がります。

2024年の

住宅運

新築や引越しに適した時期

2024年は新築、引越し、土地の購入、リフォームに適した時期です。引越しをする場合は、現在住んでいる場所から、年の吉方位にあたる北、南、北東、南西となる場所を選んでください。できれば、年の吉方位と月の吉方位が重なるときを選んで引越しましょう。北なら3月、4月、5月、12月、南なら2月、3月、4月、5月、11月、北東なら1月、3月、4月、10月、12月、南西なら4月、6月、7月です。2025年1月は北、南、北東がOKです。ただし、あなたの天中殺（てんちゅうさつ）（50ページ参照）にあたる月は避けましょう。また、あなたが辰巳（たつみ）天中殺の運気の人なら、2024年は年の天中殺にあたります。世帯主の場合、土地購入までなら問題はありませんが、引越しは避けたほうが無難です。

住まいの気を発展させるには部屋の南西の風通しをよくし、常にきれいに掃除しておきましょう。南東に盛り塩を置くと、2024年の運気の波にのることができます。観葉植物を置いたりアロマを焚いて、心地いい空間をつくりましょう。

2024年の健康運

腸活でストレスから体を守る

人付き合いが増え気疲れしますが、よほどの無理をしないかぎり問題はないでしょう。ただし、会食が増えるので、食べすぎや飲みすぎには要注意。しっかりとした健康管理や体重コントロールが必要です。調子がいいので、気づかないままストレスがたまりがち。知らないうちに免疫力が落ちます。腸活をして免疫力キープを心がけましょう。便秘を防ぐために、豆類など食物繊維が多い食品を摂るように。また、良質な睡眠をとることも大切。寝室を整え、シーツ類は定期的に交換しましょう。入浴でリラックスするのもおすすめです。

２０２４年は呼吸器にダメージが出がちです。鼻炎や、気管支炎に注意してください。乾燥が気になる季節は加湿器を活用して。咳が止まらないときは、早めに受診して静養しましょう。活動的な運気で長距離移動が多くなる年です。疲れを感じたら、無理をせず休む時間を多くとりましょう。ハードスケジュールをこなそうとすると、ダメージが大きくなるので注意してください。

COLUMN 1

~2024年のラッキー掃除~

情報がスムーズに入るように掃除・整頓を

2024年は情報が入ってくる東の方位(家の中心から見て)が重要になってきます。東に段ボールや古新聞を置いていると、よい情報が入るのを邪魔します。忘れてはならない場所が、冷蔵庫の野菜室。野菜くずや汚れを残さないように水拭きし、食材を整理して収納しましょう。

また、電気関連の場所も大切なポイントです。分電盤やコンセントカバーなどにホコリを残さないように。パソコン本体はもちろん、キーボードの溝も綿棒などを使って、清潔さを維持するようにしてください。

第3章 二黒土星の運気を上げる風水習慣

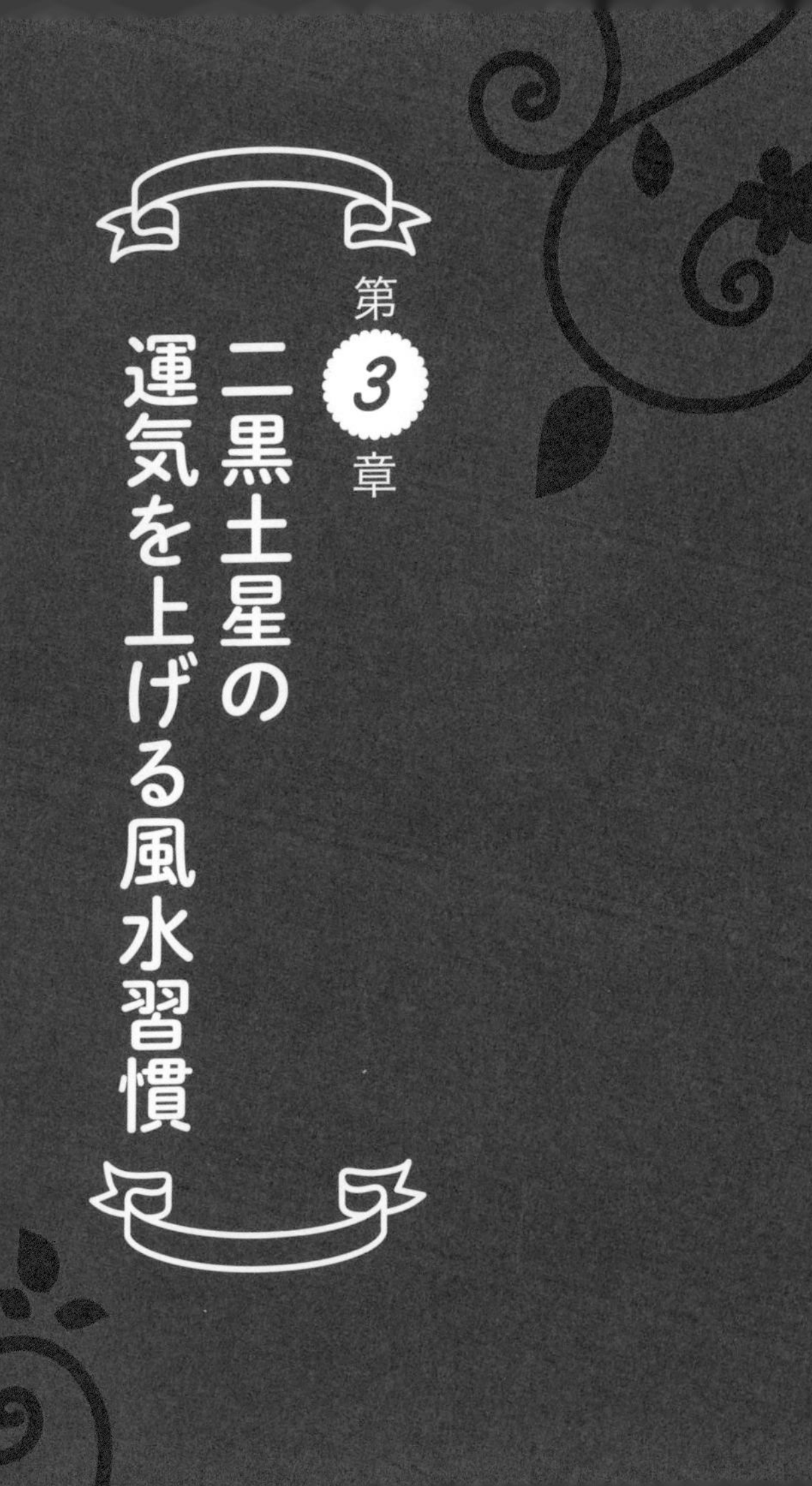

金運アップのアクション

葉っぱの丸い観葉植物を育てる

空間に丸い形を取り入れて

２０２４年の金運をアップさせるアクションは、観葉植物を育てること。観葉植物はベンジャミンやポトスなど、葉っぱが丸みを帯びたものを選びましょう。空間に丸い形を取り入れると、お金の回りがよくなります。観葉植物はテラコッタの鉢に入れると、さらに運気アップ。リビングなど窓辺に置き、気を浄化させてください。

観葉植物は日当たりがよく、風通しのいいところに置きましょう。水やりは土が乾いてから行うこと。温度管理にも気をつけてください。

お金の風水

カトラリーをピカピカに磨く

2024年は活気にあふれ、会食やパーティーが多くなります。パーティーに参加して人脈を広げることが金運を開く鍵。家庭でもパーティーに欠かせない銀やステンレスのカトラリーを磨きましょう。それも顔が映るぐらいピカピカにしておくこと。

磨き上げたカトラリーはアイテム別にまとめ、上下を揃(そろ)えて収納を。引き出しは隅々まできれいにして、ホコリやゴミを残さないことも大切です。

家でもBGMを楽しむ

2024年の中宮・三碧は音や響きを象徴する星です。コンサートやライブを楽しむのはもちろん、家の中でも好きな音楽を聴くとよい気を呼び込めます。家事をするときやバスタイム、メイクをするときもBGMを流して音を楽しむといいでしょう。いつも美しいメロディーやリズムに触れていると、自然にパワーを充電できます。

特にきれいに掃除した部屋の中央で、音楽を聴くのがおすすめです。

仕事運アップのアクション

スマホの画面を
きれいに保つ

スマホから離れる時間も大切に

２０２４年の仕事運をアップさせるアクションは、スマホの画面を常に清潔に保つことです。スマホはスケジュール管理や伝達アプリ、地図などあらゆる仕事の場面で活躍する大切なツール。電源が入っていない画面は汚れがついていると目立ちます。通話をしたときには特に注意。ファンデーションの油脂や手垢がついた状態にしないようにしましょう。

仕事を終えたら、スマホから離れ、ゆったりとした時間を過ごして。スマホもあなたも充電する時間が必要です。

仕事の風水

こまめに情報を更新する

数字が並んでいるカレンダーは仕事運をアップさせます。さらに2024年は情報の更新が重要なポイントになります。きちんと月や日ごとに新しいページをめくるようにすること。また、手帳には新しいアイデアやミッションを書き込むといいでしょう。

パソコンも古いデータをいつまでもデスクトップに置かないようにしましょう。データは保存するか削除し、ソフトのアップデートも忘れないこと。

北西のスペースを整える

仕事運を司る方角は北西です。家の中心から見て北西の場所や部屋を常にきれいに整えてください。2024年は、木製アイテムがよい気を呼び込みます。北西の方角に木製のブックエンドや文具箱を置き、毎日の拭き掃除も欠かさないように。

キャビネットやデスクを置く場合は、書類などを置きっぱなしにせず、引き出しの中に片づけて。整理整頓で、仕事がしやすい環境をキープしましょう。

恋愛・結婚運アップのアクション

東南に花柄の陶製の花瓶を置く

ピンクの花を生けて

２０２４年の恋愛・結婚運アップのアクションは家の東南に花瓶を置くことです。花瓶は陶製で花柄のものを選びましょう。ハイブランドのヨーロッパ調デザインや一色で描かれたシンプルなものがおすすめ。花瓶に生けた花は毎日水を取り替え、イキイキとした状態にしておくこと。枯れた花や葉っぱを取り除き、きれいな状態の花を楽しめるようにしましょう。

花瓶にピンクの花を生けると恋愛運はさらにアップ。花は光から気を取り込むので、明るい窓辺に置きましょう。

おそうじの風水

東に植物を置き、世話をする

植物は風水のラッキーアイテムのひとつです。三碧の年は東の方角からよい情報が入ってきます。2024年は東に観葉植物や生花を置きましょう。観葉植物の葉にホコリが残らないようにやさしく拭き、花瓶の水は毎日取り替えること。鉢や花瓶も汚れをとるように心がけてください。

枯れた葉や花は邪気になります。こまめに手入れして、枯れたものを残さないようにしてください。

楽器や電化製品を手入れする

2024年は音にかかわるものが重要なアイテムになります。ピアノやギターなど楽器にホコリを残さないように手入れしてください。普段使わないものでも、こまめにお手入れを。しまい込んでいる楽器も同様です。

また、三碧は電気の象意も持っています。エアコンや冷蔵庫、テレビ、電子レンジなどの電化製品もきれいにすることが大切です。細かい部分まで丁寧に掃除してください。

住宅運アップのアクション

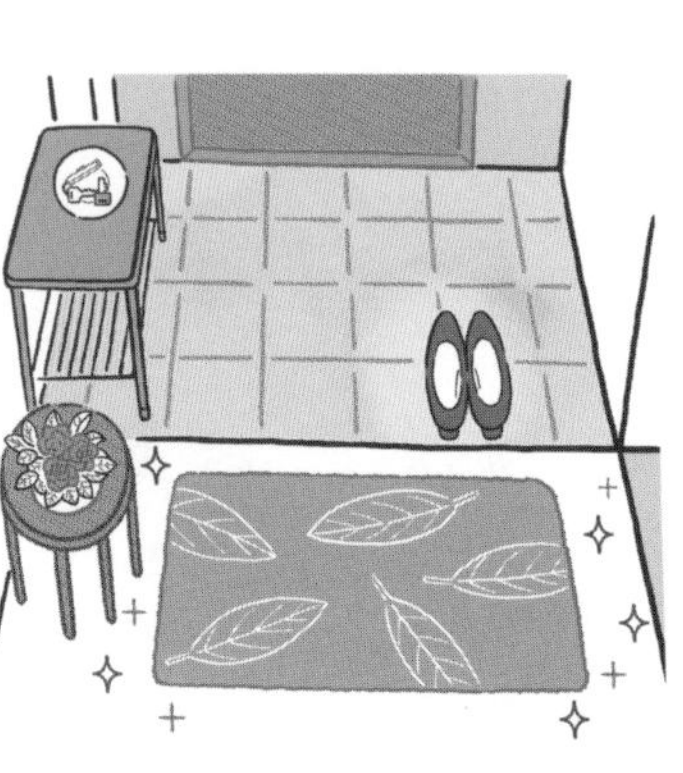

玄関マットを清潔に保つ

グリーンや葉っぱモチーフが◎

２０２４年の住宅運アップのアクションは玄関マットを常に清潔に保つこと。玄関マットは外からの砂やホコリを家の中に持ち込まないようにするもの。外から入ってくる邪気も落としてくれます。玄関マットは家の主人の状態を表すので、上質なものをきれいな状態で使いましょう。玄関を掃除したら、玄関マットも洗濯をし、清潔な状態を保ってください。

色はグリーン、葉っぱモチーフのものがおすすめ。掃除が行き届き、清潔な玄関はいい運気を呼び込みます。

住まいの風水

花を育てる

草花は三碧の象意です。庭があるお宅なら、四季を通して花が咲くようにガーデニングをしましょう。庭がない場合は、ベランダガーデニングで花を育ててください。

また、よい気や情報は玄関やベランダから入ってきます。玄関やベランダに余分なものを置くと、それらがよい情報を遮(さえぎ)ってしまいます。開口部はきれいに整え、気がスムーズに入るようにしましょう。

フローリングを磨く

フローリングに掃除機をかけ、その後、ピカピカになるまで磨き上げましょう。木材の持つパワーを引き出すことができます。また、傷があれば、その手入れも忘れずに。

畳やじゅうたんもきれいに掃除してください。大地に近い床は、大きなパワーが漂う場所です。住まいに大地のパワーを常に取り入れるためにも、床には不要なものを置かず、きれいにしておくことが大切です。

吉方位と凶方位のこと

方位はよくも悪くも運に影響を与えます

風水では、吉方位への神社参りをしてくださいとよくアドバイスします。私自身、ほぼ毎日、日の吉方位にある近くの神社へ散歩をしながらのお参りを欠かさずしています。吉方位とはあなたのライフスターが持つラッキー方位（12ページ参照）とは別のもので、自ら動いていくことでよい気をもたらす方位のこと。自分の生活拠点、つまり住んでいる場所（家）を基点に考えます。

旅行や引越しで方位を気にするのは、自分の運気がよくも悪くも宇宙の磁場の影響を受けるから。でも、吉方位へ動けば、自分の磁力が活性化して気力にあふれ、どんどんよい気がたまっていき、巻頭で述べたような「気を発する人」になるのを手助けしてくれます。

吉方位には年の吉方位、月の吉方位、日の吉方位があり、それぞれライフスターで異なります。凶方位も同様です。生活の中に吉方位を取り入れるときは、目的によって左ページのように使い分けます。

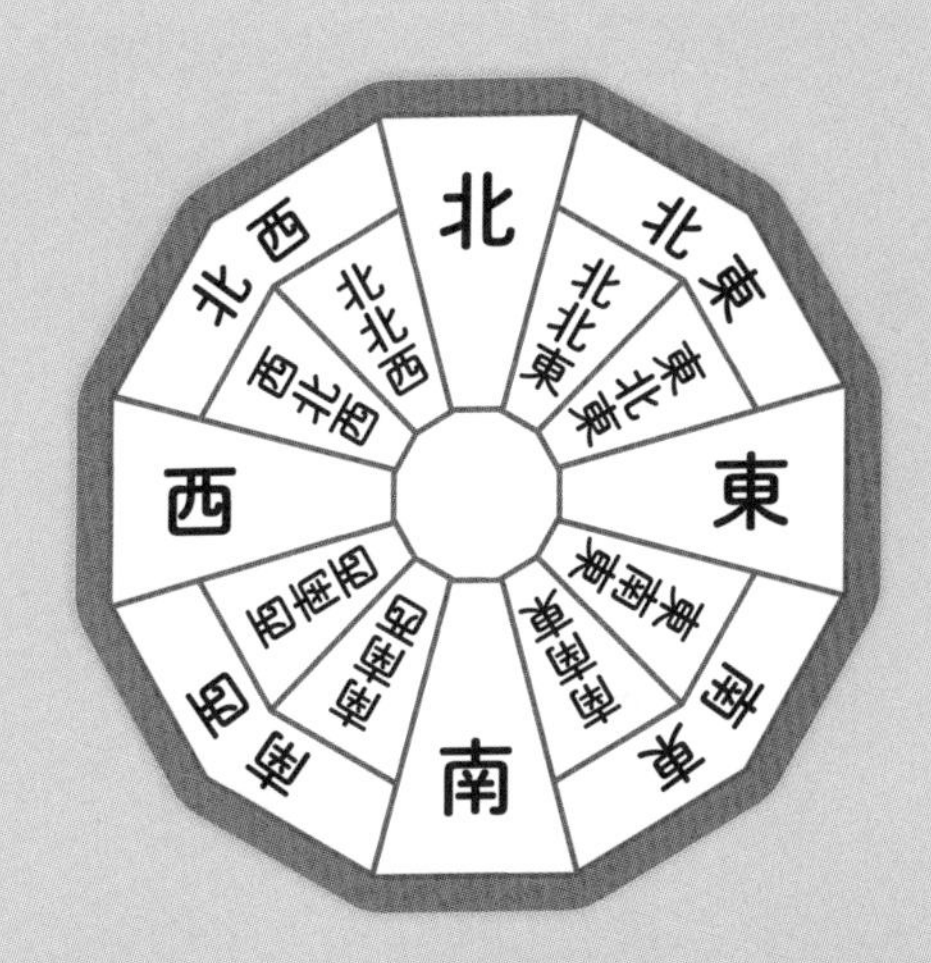

日の吉方位

日の吉方位と凶方位は毎日変わります。スポーツなどの勝負ごとや賭けごと、プロポーズ、商談などその日に決着がつくことには、日のみの吉方位（第4章のカレンダーを参照）を使います。

月の吉方位

月ごとにも吉方位と凶方位は変わります。数日間滞在するような旅行は、月と日の吉方位が重なる日に。風水では月替わりが毎月1日ではないので、第4章の月の運気で日付を確認してください。

年の吉方位

年の吉方位は、その年を通してあなたに影響を与え続ける方位です。引越しや住宅購入、転職は方位の影響を受け続けることになるので、年（26ページ参照）、月、日の吉方位が重なる日に。

天中殺は運気の貯蓄をするとき

運気が不安定になる時期をチェック

天中殺とは、周囲が味方になってくれない時期を意味します。自分でコントロールすることができない運気で、これも私たちが持つ運気のひとつです。

天中殺の時期は、家の外は嵐という状態。出る杭は打たれるというときなので、何の準備もしないで外＝社会に出ていけば、雨風に打たれて心身ともに疲労困憊してしまいます。ですから前もって自分の天中殺を知っておくことが大切です。天中殺には運気が不安定になるので、不安や迷いを感じやすくなったり、やる気が出なかったりと、マイナスの影響がもたらされてしまいます。

天中殺は、年、月、日と3種類あり、生年月日によって、子丑天中殺、寅卯天中殺、辰巳天中殺、午未天中殺、申酉天中殺、戌亥天中殺の6つに分けられます。まずは54ページ、133〜135ページの表をもとに、自分の生年月日から割り出してみてください。

誰もが受ける社会から降りかかってくる運気

天中殺は社会から降りかかってくる運気です。ですから、極論をいえば、社会に出なければ天中殺の現象を受けることはありません。でも、社会とかかわりを持って生活する以上そうはいきません。天中殺とは逃れることのできない、〝宿命〟のようなものなのです。ただし、何に気をつければいいのかがわかれば、天中殺の現象を軽減させたり、避けたりすることができます。

天中殺の時期は、社会との摩擦(まさつ)を減らす意味で、受け身に徹したり、自分の言動を戒(いまし)めたりすることが肝心です。自分の欲のために行動したり、新しいことをしたりしてもあまりうまくいかないと心しておきましょう。頑張っても努力が報われにくいときなので、それがわかっていればたとえ失敗しても心のダメージは少ないはずです。

天中殺を無難に過ごすためには、天中殺が来る前から風水生活を実践し、運気の貯蓄をすることで気を高めておくことです。本書にある運気に沿った生活をすることもそうですし、吉方位を使った神社参りやゆったりとしたスケジュールの旅行、また、住まいをきれいに掃除するなど、家の環境を整えることもよい運気の貯蓄になります。

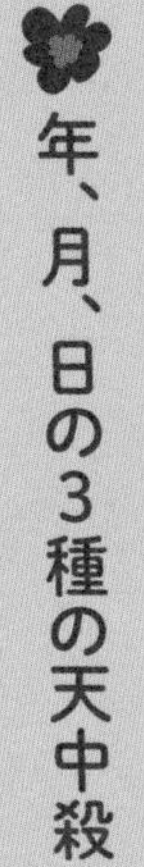

年、月、日の3種の天中殺

では、〝宿命〟ともいえる天中殺はいつやってくるのでしょうか？　天中殺には年の天中殺、月の天中殺、日の天中殺があり、12年に2年間やってくるのが年の天中殺、12か月に2か月間やってくるのが月の天中殺、12日に2日間めぐってくるのが日の天中殺です。めぐってくるタイミングも、6つの天中殺によって異なります。

3種の天中殺のうち、運気に一番大きく作用するのが年の天中殺です。年の天中殺のときに、人生の転機となるような選択をするのはおすすめできません。月の天中殺は2か月間と期間が短くなるので、天中殺の現象が集中することもあります。これらの2種の天中殺に比べると、日の天中殺は運気への影響は少ないといえます。とはいえ、いつもなら勝てる相手に負けてしまう、他人の尻ぬぐいをさせられてしまう、異常に忙しくなる、やる気がまったく出ない……といった影響が出ることもあります。日の天中殺は第4章にある各月のカレンダーに記載してあるので参考にしてください。

2024年は辰年で辰巳（たつみ）天中殺の人にとっては、年の天中殺にあたります。ライフスターごとの運気にかかわらず、辰巳天中殺の人は運気に影響を受けるでしょう。でも、自分のライフスターの運気が絶好調の頂上運の場合は、その運の強さが働いて天中殺の現象を軽減してくれることもあります。逆に運気が低迷する停滞運のときは、天中殺の影響が強く出やすいといえます。

年の天中殺がいつやってくるのかは、左の表でチェックしてください。前述しましたように、天中殺の現象を軽減することは可能です。年の天中殺がいつやってくるかを知ったら、ただ待つのではなく風水生活をきちんと実践して、天中殺に向けての準備をしっかりしておきましょう。

あなたの年の天中殺は？

年	干支	天中殺
2024年	辰	辰巳天中殺
2025年	巳	辰巳天中殺
2026年	午	午未天中殺
2027年	未	午未天中殺
2028年	申	申酉天中殺
2029年	酉	申酉天中殺
2030年	戌	戌亥天中殺
2031年	亥	戌亥天中殺
2032年	子	子丑天中殺
2033年	丑	子丑天中殺
2034年	寅	寅卯天中殺
2035年	卯	寅卯天中殺

天中殺の割り出し方

133～135ページの基数早見表で基数を探し、
誕生日を足して割り出します。

例 1980年5月15日生まれの場合

基数		誕生日の日にち		合計
10	+	15	=	25

基数は10で、生まれ日の15を足すと合計が25。右の表から、21～30の「午未天中殺」があなたの天中殺になります。合計が61以上になる場合は60を引いた数になります。

天中殺の早見表

合計	天中殺
1～10	戌亥天中殺
11～20	申酉天中殺
21～30	午未天中殺
31～40	辰巳天中殺
41～50	寅卯天中殺
51～60	子丑天中殺

子丑天中殺　ねうしてんちゅうさつ

子年と丑年が年の天中殺で、毎年12月と1月が月の天中殺です。月の天中殺以外では、毎年6月と7月は社会や周囲の応援が得られにくくなるので要注意。この天中殺の人は、他人のために進んで働くタイプ。目上の人の引き立ては少なく、自分自身で新しい道を切り開いていける初代運を持っています。目的に向かってコツコツ努力する大器晩成型です。

寅卯天中殺　とらうてんちゅうさつ

寅年と卯年が年の天中殺で、毎年2月と3月が月の天中殺です。月の天中殺以外では、毎年5月は社会からの支援が得られにくくなるので要注意。この天中殺の人は、失敗してもクヨクヨせず、6つの天中殺の中で一番パワフル。度胸はいいほうですが、少々大雑把（おおざっぱ）な性格です。若い頃から親元を離れて生きていく人が多いようです。

♡辰巳天中殺 たつみてんちゅうさつ

辰年と巳年が年の天中殺で、毎年4月と5月が月の天中殺です。月の天中殺以外では、12月と1月は周囲の協力や支援を得にくく孤立しがちなので要注意です。この天中殺の人は、型にはまらず個性的で、いるだけで周囲に存在感をアピールできるタイプ。行動力は抜群で、苦境に立たされても乗り越えるたくましさを持っています。

♡午未天中殺 うまひつじてんちゅうさつ

午年と未年が年の天中殺で、毎年6月と7月が月の天中殺です。月の天中殺以外では、11月と12月は周囲の支援が得られないだけでなく、体調を崩しやすくなる時期。この天中殺の人は、冷静で情報収集が得意。先を見て行動する仕切り屋タイプが多いようです。困ったときには誰かが手を差し伸べてくれる運の強さを持っています。

♡申酉天中殺 さるとりてんちゅうさつ

申年と酉年が年の天中殺で、毎年8月と9月が月の天中殺です。月の天中殺以外では、社会からの支援や協力を得にくくなる4月と5月は言動に要注意。この天中殺の人は、ひとりで複数の役目をこなす働き者。でも、キャパを超えると右往左往することも。世の中の動きを素早くキャッチし、金運にも恵まれています。

♡戌亥天中殺 いぬいてんちゅうさつ

戌年と亥年が年の天中殺で、毎年10月と11月が月の天中殺です。月の天中殺以外では、毎年6月と7月はなんらかの環境の変化で悩むことが多くなる時期。この天中殺の人は、6つの天中殺の中で一番多くの試練に遭遇(そうぐう)します。でも、自力で道を開き、周囲のエネルギーを自分のパワーに変えていける強さを持っています。

COLUMN 2

~2024年のラッキー家事~

音が出るアイテムと家電の手入れを

三碧木星の象意のひとつは音です。2024年は音が出るものを常にきれいにすると、よい情報が入りやすくなります。楽器やドアベルなどはホコリを払い、水拭きできるものは水拭きを毎日の掃除に組み入れましょう。

電気や振動も三碧の象意。キッチンにあるフードプロセッサーやブレンダー、コーヒーメーカー、電子レンジも汚れを残さないようにきれいに掃除してください。テレビ、ヘッドホン、スマホなど音にかかわる電化製品もホコリを残さないようにしましょう。

PRESENT

『九星別ユミリー風水』16周年記念
読者プレゼント

読者の皆さまへ感謝の気持ちを込めて、
プレゼント企画を実施中です。

＼金運UP！／
招き猫

ゴールドのかわいらしい招福金運招き猫。
金運はもちろん、人を呼び込んで人気運もアップ。
玄関に向かって正面の位置
もしくは西の方角に置くと〇。

A賞
招き猫
5名様

B賞
図書カード（1000円）
20名様

応募方法

大和書房ユミリーサイトへアクセス！
https://www.daiwashobo.co.jp/yumily/

ユミリープレゼント で検索

携帯電話は
こちらから

応募フォームに必要事項をご記入のうえ、
ご希望の商品を選んでください。

▶▶ 応募締め切り
2024年2月29日（木）

第4章 二黒土星の毎日の運気

年の中盤に向かって運気上昇

1年のはじまりは停滞運から。ここでしっかり休んでおくと頂上運の9月に向かって運気はスムーズに上昇します。10月には再び停滞運になるので、ひと息ついて体力を温存させましょう。新しいことには手を出さず、現状維持を心がけてください。

頂上運の9月はあなたにスポットライトがあたります。キーパーソンに会えたり、望むポジションをつかんだり、なにかと運のよさを感じる場面がありそうです。忙しく気持ちも落ち着かないので、ひとりで頑張ろうとせず、まわりに協力を求めましょう。恋の引き寄せパワーが高まるのは3月と12月。素敵なご縁に恵まれそうなので、それまでに自分磨きを。仕事で一定の評価を得られるのは結実運の6月。心から充実感を味わえるでしょう。自信過剰な態度は控え、心にゆとりを持つことが大切です。

停滞運の1月と10月は気をつけて。自暴自棄にならず、我慢と忍耐で乗り切りまし

2024年の波動表

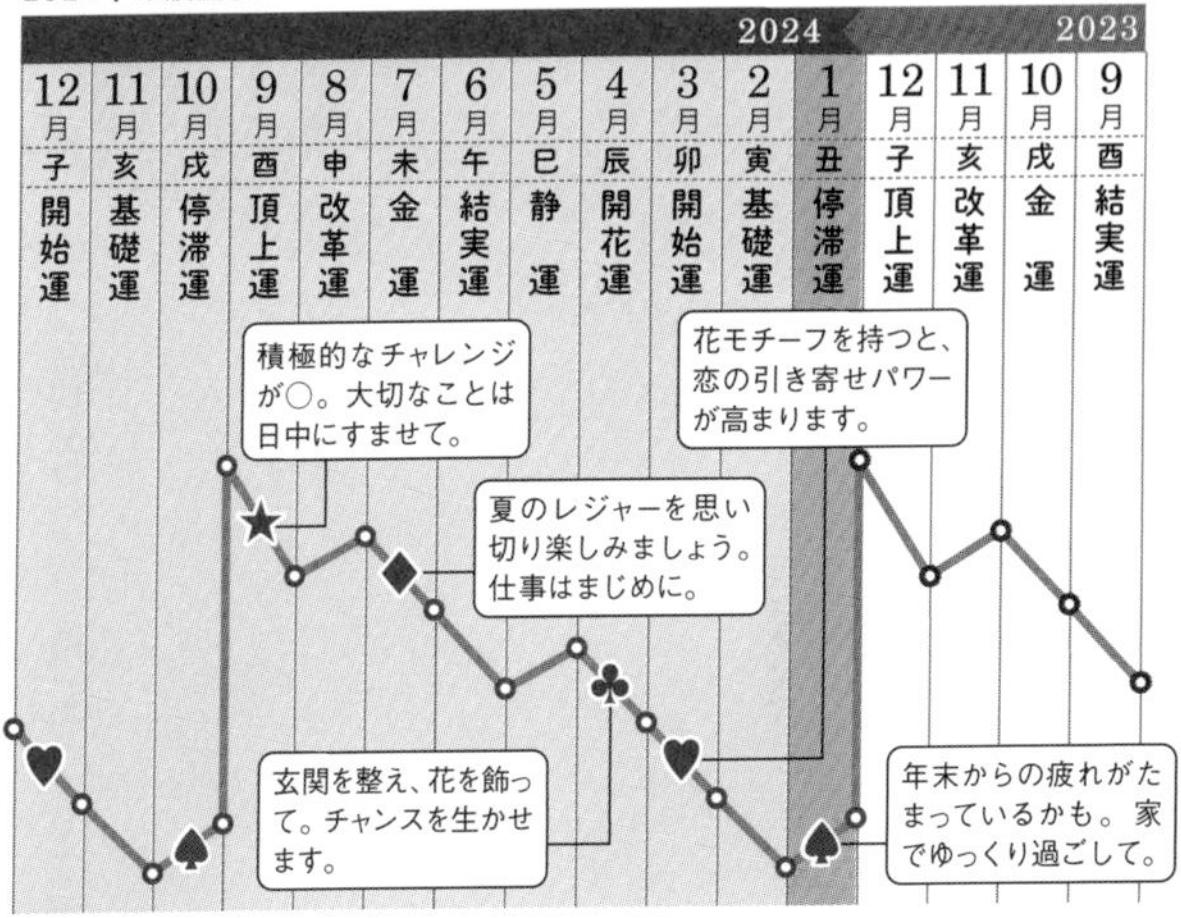

2024												2023			
12月	11月	10月	9月	8月	7月	6月	5月	4月	3月	2月	1月	12月	11月	10月	9月
子	亥	戌	酉	申	未	午	巳	辰	卯	寅	丑	子	亥	戌	酉
開始運	基礎運	停滞運	頂上運	改革運	金運	結実運	静運	開花運	開始運	基礎運	停滞運	頂上運	改革運	金運	結実運

積極的なチャレンジが○。大切なことは日中にすませて。

花モチーフを持つと、恋の引き寄せパワーが高まります。

夏のレジャーを思い切り楽しみましょう。仕事はまじめに。

玄関を整え、花を飾って。チャンスを生かせます。

年末からの疲れがたまっているかも。家でゆっくり過ごして。

ょう。金運にも恵まれないので、計画的にお金を使うよう心がけてください。
また、2か月間続く月の天中殺には目立つことは避け、受け身の姿勢を心がけましょう。

9つの運気

停滞運	芽吹きを待つといった冬眠期で、しっかり休んでエネルギーを充電したいリセット期。
基礎運	そろそろ活動しはじめることを考えて、足元をしっかり固めておきたい準備の時期。
開始運	種まきをするときで、物事のスタートを切るのに適している時期。
開花運	成長して花を咲かせるときなので、行動的になり、人との出会い運もアップします。
静　運	運気の波が安定するリセット期。外よりも家庭に目が向き、結婚に適した時期。
結実運	これまでの行動の成果が出るときで、社会的な地位が高まって仕事での活躍が光る時期。
金　運	努力が実を結ぶ収穫期で、金運に恵まれるとき。人付き合いも活発になります。
改革運	今一度自分と向き合いたい変革期。変化には逆らわず、身をまかせたいとき。
頂上運	運気の勢いが最高のとき。これまでの努力に対する結果が現れる、頂上の時期。

★ 強運、♠ 要注意、♥ 愛情運、◆ 金運、♣ 人間関係運

結実運　2023.9.8 ～ 2023.10.7

活力にあふれるとき。仕事を充実させて

❋活力にあふれ、仕事運に恵まれるとき

会社での仕事や自治会など公的な立場での活躍が注目されます。これまでうまくいかなかったこともスムーズに動き出し、充実感を得られるでしょう。多忙になりますが、集中力をキープし、自信を持って進めてください。失敗を恐れずチャレンジしていくことで、運気は上向きになります。目上の人から信頼を得ることも開運の鍵です。上司や先輩に相談すると、あなたが気づかなかった視点からアドバイスをもらえるかもしれません。サポートを受けたら、すぐに感謝の言葉を伝えましょう。

心身ともにパワーがあふれ、言動が粗雑になりがちです。思い込みで独走し、周囲と衝突しないように気をつけて。順調なときほど謙虚な気持ちを大切にし、尊重しあえる関係を作りましょう。

9月の吉方位	南西
9月の凶方位	北、南、東、西、北東、北西、南東

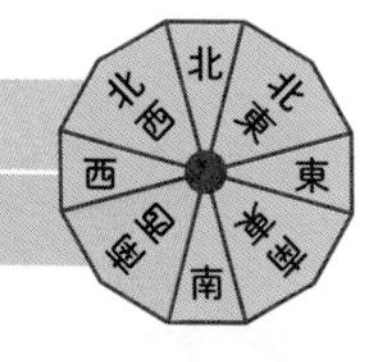

金運 2023.10.8 〜 2023.11.7

華やかな雰囲気の月。誘いは断らないで

❋ 誘いは断らず、華やかな雰囲気を満喫

交友関係を広げ、秋の行楽を思い切り楽しみましょう。友人や同僚、趣味の集まりなど多方面から来るお誘いにアクセスし、娯楽の時間を充実させたいときです。心から楽しむことが、運気アップの鍵に。交友関係が広がり、これまでにない幸運に出会えるチャンスにも恵まれます。新しく出会った人にも臆さず話しかけ、スムーズなコミュニケーションを心がけてください。会話の中によい情報やアイデアが隠れているかもしれません。人付き合いでは、一定の緊張感を保ち、節度ある態度で接することが大切です。

不機嫌な顔を見せて、横柄な態度をとらないように。笑顔で過ごすことがトラブルを避けます。プライベートを楽しんでも、翌日に疲れを残さないようにしましょう。

10月の吉方位	南西
10月の凶方位	北、南、東、西、北東、北西、東南東

改革運　2023.11.8 〜 2023.12.6

変化の波が来るとき。抗わずマイペースに

❊変化の波に抗わず、マイペースで

人間関係や環境に変化があり、とまどうことがありそう。行動するよりも、気持ちをリセットして自分を見つめ直すことが大切です。まずは自分の長所や短所を再認識し、改善点をみつけましょう。解決するための優先順位をつけ、冷静に対応して。トラブルの芽は早めに摘むようにし、大きな決断は保留にしましょう。そして二者択一を迫られたら、リスクの少ないほうを選んでください。変化は必ずしも悪いことではありません。むしろトラブルが解決し、いい方向に進むこともあります。ネガティブに考えず、流れに身をまかせましょう。

今は行動する前の準備期間と考えて。情報のアンテナを張り、よりよい方法を模索しましょう。仕事は早めに切り上げ、家族や友人と過ごす時間を大切に。

11月の吉方位	東
11月の凶方位	北、南、西、北東、南西、南南東

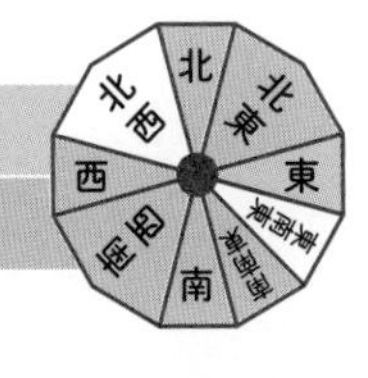

頂上運 2023.12.7 ～ 2024.1.5

前向きになれるとき。高みへチャレンジして

前向きになり、さらなる高みを目指す

２０２３年の締めくくりは、努力が結果として現れる頂上運がめぐってきます。あなたの能力が評価され、気持ちも充実。チャレンジ精神を持ち続けると、新しいチャンスが舞い込んできます。自分の実力以上のことを求められるかもしれませんが、負担に考えず、前向きに取り組みましょう。うまくいかなくても、経験を積むことになり、今後の飛躍につながります。予想外の展開に直面しても感情的にならず、気持ちを穏やかに保ってください。周囲からの注目も集めるので、身だしなみに気を遣い、あなたの魅力を大いにアピールして。

大掃除もテキパキと片づけましょう。キッチンと、窓拭きやベランダ掃除は入念にして。美しく整った住まいで、家族と穏やかな年末を過ごしましょう。

12月の吉方位　なし

12月の凶方位　北、南、東、西、北東、南西

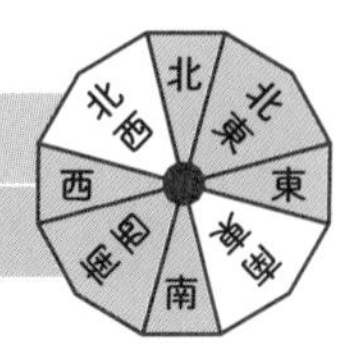

停滞運　2024.1.6 ～ 2024.2.3

開運3か条
- 早めに就寝する
- 入浴で体をあたためる
- 靴を磨く

目標達成のための情報収集を

お正月は家族とのんびり過ごしましょう。初詣にいったら2024年の目標達成を誓い、新たな気持ちで自分自身を見つめてください。今年をどんな1年にしたいか情報収集と分析をしましょう。悩みや不安が浮かんできても、目の前の目標をクリアすることに集中すれば、平常心をキープできます。

今月は美しいものや新しい感性に触れましょう。刺激を受けてあなたの引き出しが増えるはずです。内面の充実をはかり、今後の運気の上昇にうまくのれるように準備をしておきましょう。規則正しい生活を心がけ、自炊で栄養バランスにも注意を。ストレスを感じたら温泉やスパなどでリラックスするのがおすすめ。毎日の入浴も入浴剤を利用して、ゆったりと体をあたためましょう。

1月の吉方位	北東
1月の凶方位	北、南、東、北西、南東、南西

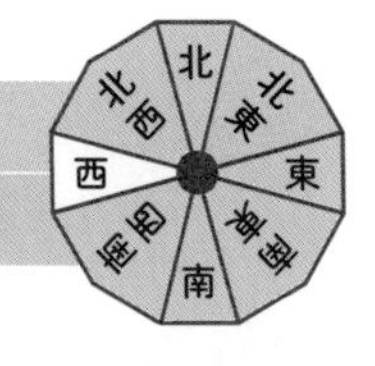

子丑（ねうし）天中殺

上司や目上の人とのトラブルに注意してください。想像以上に解決に苦労しそう。信頼関係を維持する努力が必要です。また、交通事故にも要注意。車は丁寧に整備し、常に安全運転を心がけてください。

仕事運

仕事モードへの切り替えがうまくいかないかもしれません。疲れやすく気分も落ち込みやすいので、集中力が途切れがち。ケアレスミスが多くなりそうです。今月は目の前の仕事をクリアすることに専念してください。我慢してやり過ごすのが運気に沿った過ごし方。冷えは邪気になるので、ひざかけなどであたたかくして。

金運

収支のバランスを崩さないように。外出するとお金を使うので、家で過ごす時間を多くとりましょう。セール品を買うのは賢い選択ですが、買いすぎに注意を。セミナーや本などでお金の知識を吸収したり、家計の見直しをプロに相談するといいときです。

愛情運

新年会やイベントなど人の多く集まる場所に行くのは避けましょう。新しい恋は、誠実さに欠けるものになりそうです。今は出会いを求めるよりも、自分の魅力を高める努力を重ねて。パートナーのいる人はふたりの関係がしっくりせず、不安になることが増えそう。お互いの気持ちや関係性を冷静に考える時間が必要です。

1月のおそうじ風水 ▶ **トイレ。掃除をし、スリッパなどは洗濯を。**

★強運日　♠要注意日　♥愛情運　◆金運　♣人間関係運

日	曜日	六曜／天中殺 祝日・歳時記	毎日の過ごし方	吉方位	ラッキーカラー
1	月	赤口／子丑 元日	初詣で1年の無事を祈願しましょう。お年玉をあげると○。	東、南西	白
2	火	先勝／子丑	おせちの残りを食べて。家族と過ごす時間を大切にすること。	北、南、東	黄色
3	水	友引／寅卯	新しいことを始めるといい日。遠方から朗報が届くかも。	北、南、北東、南西	青
4	木	先負／寅卯	失言に注意して。みかんは袋から出してカゴに入れましょう。	北、南、北東	茶色
5	金	仏滅／辰巳	自己投資にお金をかけると運気回復。目標を小さく設定して。	南、西、北西	山吹色
6	土	大安／辰巳 小寒	外出は控え、家でゆっくり。加湿器のお手入れを忘れないで。	西、北東	水色
7	日	赤口／午未	七草粥を食べて。アウトドアで過ごすとポジティブな気分に。	北西、南東	紫
8	月	先勝／午未 成人の日	収支のバランスが崩れそう。大きな買い物は避けましょう。	東、北西、南東	黄色
9	火	友引／申酉	仕事に身を入れること。キラキラ光るアイテムがラッキー。	南東、南西	白
10	水	先負／申酉	新しい動きがあります。リーダー役を打診されたら引き受けて。	東、南西	水色
11	木	赤口／戌亥	目上の人のアドバイスは聞くこと。仕事は早めに切り上げて。	北、南、東	黄色
12	金	先勝／戌亥	♣友人とこまめに連絡をとりましょう。助けてくれるかも。	北、南、北東、南西	黄緑
13	土	友引／子丑	チャンスを逃さないように、読書や音楽で感性を磨いて。	北、南、北東	ワインレッド
14	日	先負／子丑	シーツを交換して外出を。やることリストを作るといいかも。	南、西、北西	黒
15	月	仏滅／寅卯	♠現状維持ができれば○。ローションパックで肌に水分補給を。	西、北東	紺色

日	曜	六曜／干支		運気	吉方位	ラッキーカラー
16	火	大安／寅卯	★	既成概念は捨てて自由に動きましょう。名刺を忘れないこと。	北西、南東	紫
17	水	赤口／辰巳		まわりに合わせたほうがいいかも。手土産は最中を選んで。	東、北西、南東	キャメル
18	木	先勝／辰巳 土用	◆	収入アップのチャンスあり。かわいいテイストを身につけて。	南東、南西	赤
19	金	友引／午未		クラウドファンディングで誰かの夢を応援すると運気が好転。	東、南西	青
20	土	先負／午未 大寒		生活リズムは早めに軌道修正を。発酵食品をたっぷり摂って。	北、南、東	クリーム色
21	日	仏滅／申酉		付き合う相手は慎重に選んで。玄関を掃除し、花を飾ると吉。	北、南、北東、南西	ペパーミントグリーン
22	月	大安／申酉	♥	センスを生かして行動を起こすと、モチベーションがアップ。	北、南、北東	茶色
23	火	赤口／戌亥		打算で動くと思われないよう脇役に徹して。朝活がラッキー。	南、西、北西	黒
24	水	先勝／戌亥		寝る前に次の日の洋服を準備。内面の充実を心がけましょう。	西、北東	水色
25	木	友引／子丑		落ち着かないので思いを言葉で整理して。新しいネイルに挑戦。	北西、南東	ベージュ
26	金	先負／子丑		焼肉などガッツリ系でスタミナをつけて。冷静になれます。	東、北西、南東	金色
27	土	仏滅／寅卯		人前では口角を上げて話すこと。華やかな雰囲気にひたれます。	南東、南西	黄色
28	日	大安／寅卯		車で名所旧跡を回ると吉。気持ちにゆとりが生まれます。	東、南西	白
29	月	赤口／辰巳		売れ残りに吉あり。仕事帰りにデパ地下に寄りましょう。	北、南、東	キャメル
30	火	先勝／辰巳	♣	理想の形を思い描くとチャンスが来るかも。お香を焚くと◯。	北、南、北東、南西	銀色
31	水	友引／午未		詐欺に注意。楽器モチーフのアイテムがお守りになります。	北、南、北東	碧（深緑）

＊祝日法の改正により、祝日や休日が一部変更になることがあります。

基礎運 2024.2.4 〜 2024.3.4

開運3か条
- スポーツを始める
- 日本の伝統に触れる
- 新しいレシピに挑戦する

将来の目標に向けた努力が大切

目標達成のために必要な基礎づくりに励みましょう。大地を丁寧に耕し、種をまく準備をするときです。周囲から注目されないかもしれませんが、手を抜かずあなたがやるべきことに取り組んでください。チームワークを求められたらサポート役に徹しましょう。あなたの長所を引き出すことができます。何かを選択するときは、信頼できる人に相談してください。そのほうが選んだ結果に安心することができます。

生活を楽しむようにすると運気が開けます。料理なら食材や陶磁器にこだわってみたり、小さなコレクションを始めてみましょう。生活が豊かになる実感を味わえます。またスポーツジムに入会し、ダイエットやボディメイキングにトライするのもおすすめです。

2月の吉方位	南、北北西
2月の凶方位	北、東、北東、南東、南西

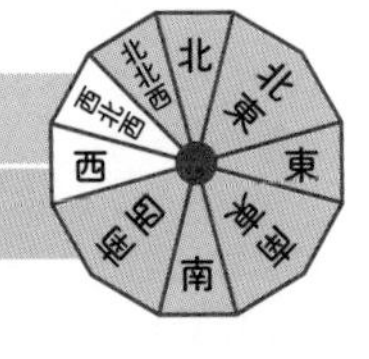

この天中殺の人は要注意

寅卯天中殺

家族内でお墓や相続問題で誤解が生まれそう。特に母親やきょうだいには、誤解されないように丁寧な言葉で話し合うようにしてください。遅刻が大きなトラブルにつながるので注意しましょう。

仕事運

自己アピールは避け、守りに徹するとき。努力家で補佐的なポジションが向いているあなたですから、その仕事ぶりに信頼と評価が高まるでしょう。ほかの人が敬遠しがちな仕事も進んで引き受けてください。ただし、残業はほどほどにして疲れをためないこと。家事をすませて出勤し、生活習慣を整えると地固めになります。

金運

これまでの収支を把握することが大切。お金の流れを知ることで、貯蓄意欲が高まります。目標に向けたマネープランを立て、手堅く貯蓄にまわしましょう。大きな買い物はもう少し待つのが賢明。自炊や手作りのお弁当で少しずつ支出を減らすのもおすすめです。

愛情運

趣味の仲間や昔の知り合いに良縁があります。ただし、出会いがあっても自分からはアプローチしないように。見た目や条件で判断せず、人柄をしっかり見るようにしましょう。パートナーとは現状維持できればOKですが、コミュニケーションはしっかりとること。家事のスキルを上げると運に弾みがつきます。

2月のおそうじ風水 ▸ **ベランダ。床を掃除して排水溝もチェック。**

日	六曜／天中殺 祝日・歳時記	毎日の過ごし方 ★強運日 ♠要注意日 ♥愛情運 ◆金運 ♣人間関係運	吉方位	ラッキーカラー
1 木	先負／午未	本調子ではないので準備に専念しましょう。泥つき野菜が吉。	南、西、北西	山吹色
2 金	仏滅／申酉	♠悩みが生じやすいかも。水回りを掃除すると気分が晴れます。	西、北東	水色
3 土	大安／申酉 節分	★エネルギー満タン。くじ運もいいので積極的にチャレンジを。	北西、南東	オレンジ
4 日	赤口／戌亥 立春	迷っているなら断ること。ヘアスタイルでイメージチェンジ。	東、北西、南東	ピンク
5 月	先勝／戌亥	人にご馳走したりプレゼントをすると、仕事に身が入ります。	南東、南西	赤
6 火	友引／子丑	欲が出ますがやりすぎないように。朝ご飯はしっかり食べて。	東、南西	白
7 水	先負／子丑	思い切って過去の悪い縁は清算を。ゴールドのアイテムが◯。	北、南、東	金色
8 木	仏滅／寅卯	人とのつながりからヒントをもらえそう。ランチはパスタを。	北、南、北東、南西	青
9 金	大安／寅卯	♥コンサバ系ファッションが、気になる人の心をつかむかも。	北、南、北東	ワインレッド
10 土	先勝／辰巳	計画が頓挫してしまいそう。副収入を得る方法も考えてみて。	南、西、北西	キャメル
11 日	友引／辰巳 建国記念の日	家族との時間を大切にして。温泉でゆっくり過ごすのも◯。	西、北東	黒
12 月	先負／午未 振替休日	アウトドアで過ごし、ポジティブな運気にのりましょう。	北西、南東	紫
13 火	仏滅／午未	無理は禁物。ちょっと高級なハンバーガーで気分を上げて。	東、北西、南東	黄色
14 水	大安／申酉 バレンタインデー	◆チャンスをつかめそう。上質なアクセサリーがお守りに。	南東、南西	赤
15 木	赤口／申酉	過度な自己アピールはNG。上司の話は素直に聞きましょう。	東、南西	銀色

日	曜	六曜/干支	運気	吉方位	ラッキーカラー
16	金	先勝/戌亥	部屋の真ん中に座るようにすると、気持ちが落ち着きます。	北、南、東	クリーム色
17	土	友引/戌亥	頼まれてもすぐに引き受けないで。玄関を掃除しましょう。	北、南、北東、南西	黄緑
18	日	先負/子丑	ネットショッピングにツキあり。レビューはよく目を通して。	北、南、北東	茶色
19	月	仏滅/子丑 雨水	着地点が見えなくても努力を続けて。1階にあるカフェが吉。	南、西、北西	山吹色
20	火	大安/寅卯	プレゼンには向かない日。丁寧に資料を作って準備だけして。	西、北東	紺色
21	水	赤口/寅卯	いいことがあったら、まわりに幸せのおすそ分けをしましょう。	北西、南東	赤
22	木	先勝/辰巳	自身のパワーも省エネが○。残業はしないで早めに帰宅を。	東、北西、南東	ピンク
23	金	友引/辰巳 天皇誕生日	メイクでリップを強調して。美しい口元が金運アップの鍵に。	南東、南西	黄色
24	土	先負/午未	心身ともに活気にあふれます。博物館で知的好奇心を高めて。	東、南西	銀色
25	日	仏滅/午未	へそくりを始めるといい日。常備菜で食材の無駄を省くと吉。	北、南、東	金色
26	月	大安/申酉	♣ 交友関係からチャンス到来。ニュースはこまめにチェックを。	北、南、北東、南西	青
27	火	赤口/申酉	派手な行動は控えて。並木道を歩いて気分転換すると○。	北、南、北東	ワインレッド
28	水	先勝/戌亥	ベッドメイキングしてから外出を。仕事で協力者が現れます。	南、西、北西	キャメル
29	木	友引/戌亥	公私ともに不誠実な人にはかかわらないこと。冷蔵庫の整理が吉。	西、北東	白

開始運　2024.3.5 ～ 2024.4.3

開運3か条
- ゆっくり話す
- BGMを流す
- マルシェへ行く

新しい動きには参加すること

計画に着手するときがやってきます。気ぜわしくなりますが、チャンスをつかみましょう。そのためにもフットワークを軽くしておくこと。全方向にアンテナを張り、新しい動きをキャッチしてください。ただし、準備不足だと思い通りにいかないので、次の機会まで待つように。自己投資にも意欲的になるので、語学やＩＴ、資格取得のために学習を始めると将来のキャリアアップに役立ちます。目標を設定するといっそう粘り強くなるあなたですから、最後までやり抜くことができるでしょう。

周囲の華やかな雰囲気に浮き足立つと、思わぬ失言をしそう。特に会話が苦手なら、まず相手の話は最後まで聞くことが大切です。そして、わかりやすい言葉を選び、ゆっくり話すようにしましょう。

3月の吉方位	北、南、北東
3月の凶方位	東、西、北西、南東、南西

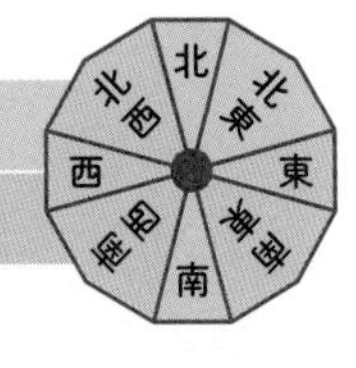

この天中殺の人は要注意

寅卯天中殺

友人からの頼まれごとは安請け合いすると後々大変なのですぐには引き受けないこと。また、不動産の物件探しや契約を結ぶのは避けたほうが無難。噂話に加わると、信頼を失うことにつながります。

仕事運

まじめに取り組むあなたへの評価が高まり、チャンスが訪れます。モチベーションも上がり、アイデアがどんどん浮かぶでしょう。持ち前の根気強さを発揮すれば、さらにいい結果が得られるはず。周囲のサポートもあるので、自信を持って取り組みましょう。助けてもらったら、お礼を伝えるタイミングを逃さないように。

金運

※寅卯天中殺の人は新しい儲け話は避けて

本当に必要なものなら思い切って購入してもOK。会食や手土産代など交際費も増えますが、必要なお金はめぐってくる運気です。支出をしっかり把握しておけば問題はありません。出会いの多いときですが、お金の話をする人には近づかないようにしましょう。

愛情運

※寅卯天中殺の人は新しい出会いは先にのばして

人が多く集まる場所に行く機会が増え、素敵なご縁に恵まれそう。愛想を振りまくのが苦手なあなたですが、明るい笑顔とやさしい言葉遣いでアピールして。まじめにお付き合いしているパートナーがいる人は、前向きな進展があるかもしれません。将来について話し合ったり、お互いの家族に紹介するといいときです。

3月のおそうじ風水 ▶ **スマートフォン。画面をピカピカに磨いて。**

日	六曜／天中殺 祝日・歳時記	毎日の過ごし方 ★強運日 ♠要注意日 ♥愛情運 ◆金運 ♣人間関係運	吉方位	ラッキーカラー
1 金	先負／子丑	不満でも短気は起こさないこと。映画館で新作を鑑賞して。	北西、南東	赤
2 土	仏滅／子丑	大きな買い物は避けましょう。投資を考えるなら情報収集を。	東、北西、南東	ピンク
3 日	大安／寅卯 桃の節句（ひな祭り）	◆友人とひな祭りを祝って。ホテルのアフタヌーンティーも◯。	南東、南西	黄色
4 月	赤口／寅卯	段取りを決めて動きましょう。電話応対は丁寧にすること。	東、南西	銀色
5 火	先勝／辰巳 啓蟄	お買い得に釣られて無駄な物を買わないように。エコ商品はＯＫ。	北、南、東	金色
6 水	友引／辰巳	友人や同僚など横のつながりを強くしておくとチャンスが。	北、南、北東、南西	青
7 木	先負／午未	丁寧な言葉遣いが好印象。読書で感性を磨きましょう。	北、南、北東	ワインレッド
8 金	仏滅／午未	疲れがたまってパワーは低め。朝食に納豆を食べると吉。	南、西、北西	キャメル
9 土	大安／申酉	カフェや図書館など、自分らしくいられるところで過ごして。	西、北東	白
10 日	友引／申酉	陽光がたっぷり入るように窓を磨くと、幸せを引き寄せます。	北西、南東	赤
11 月	先負／戌亥	一攫千金をねらわないこと。スケジュール調整でリスク回避を。	東、北西、南東	ピンク
12 火	仏滅／戌亥	デンタルケアで美しい口元を保って。金運に弾みがつきます。	南東、南西	黄色
13 水	大安／子丑	リーダー役を頼まれたら引き受けて。スマホケースの新調が吉。	東、南西	青
14 木	赤口／子丑 ホワイトデー	戦わないで。謙虚な態度で過ごしていれば、うまくいきます。	北、南、東	クリーム色
15 金	先勝／寅卯	♣周囲の協力でスムーズにいきそう。昼食は和食がおすすめ。	北、南、北東、南西	黄緑

日	曜日	六曜／干支	運気	方位	色
16	土	友引／寅卯	何事も中途半端にしないこと。推し活に勤しみましょう。	北、南、北東	赤
17	日	先負／辰巳 彼岸入り	お墓参りでは丁寧に掃除を。土を起こし、雑草とりもすること。	南、西、北西	キャメル
18	月	仏滅／辰巳	♠悩みが増えるかも。あたたかいお茶でひと息入れましょう。	西、北東	黒
19	火	大安／午未	★大きなチャレンジのタイミング。身だしなみを整えて外出を。	北西、南東	紫
20	水	赤口／午未 春分の日	ハイキングで頂上を目指しましょう。手作り弁当がおすすめ。	東、北西、南東	黄色
21	木	先勝／申酉	飲み会に誘われたら参加を。人との交流が運気アップの鍵に。	南東、南西	白
22	金	友引／申酉	強気になるとトラブルに。予算オーバーにも気をつけること。	東、南西	水色
23	土	先負／戌亥 彼岸明け	家でゆっくり過ごすと○。ティータイムにチーズケーキを。	北、南、東	金色
24	日	仏滅／戌亥	新しい可能性を探って。コミュニケーションセミナーが吉。	北、南、北東、南西	ペパーミントグリーン
25	月	大安／子丑	♥春風にのって出会いの予感が。花モチーフのアイテムが吉。	北、南、北東	茶色
26	火	赤口／子丑	朝活でスキルを上げて。計画は根回ししておきましょう。	南、西、北西	キャメル
27	水	先勝／寅卯	自分から発信するのはNG。趣味を充実させると運気が回復。	西、北東	紺色
28	木	友引／寅卯	集中力を高める努力が必要。大事なことは日中にすませて。	北西、南東	ベージュ
29	金	先負／辰巳	その場の流れに合わせて動いたほうがよさそう。親に電話を。	東、北西、南東	ピンク
30	土	仏滅／辰巳	貸したお金を催促していい日。少額でも貸し借りは避けて。	南東、南西	赤
31	日	大安／午未	心身ともに活気にあふれます。御朱印めぐりをしましょう。	東、南西	青

開花運　2024.4.4 〜 2024.5.4

（開運3か条）
- ハーブティーを飲む
- 玄関の整理整頓をする
- 換気をする

人脈を広げるチャンス到来！

春の訪れとともに、人との縁が増え、人間関係が大きく広がります。人が人を呼ぶ好サイクルにうまくはまり、物事がスムーズに展開します。新鮮な人間関係にワクワクしますが、昔から支えてくれた人たちとの交流も忘れずに。友人とこまめに連絡をとると、思わぬハッピーニュースが手に入ります。仕事でもプライベートでも忙しく、充実した毎日となるでしょう。昇進や重要な仕事をまかされるなど、あなたへの周囲からの期待も大きく膨らみそう。ただし、新たに知り合う人の中には、要注意人物も含まれています。頼みごとをされても安易に引き受けないように。

遠方との関係も深くなり旅行も増えそうです。飛行機を使うと、よい気を呼び込むことができます。

4月の吉方位	北、南、北東、南西
4月の凶方位	東、西、北西、南東

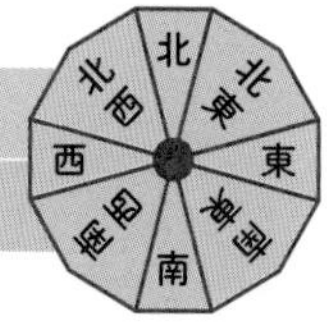

この天中殺の人は要注意

辰巳天中殺

落雷に遭ったような衝撃的なことが起きそう。かなり体力を消耗するので、柑橘類でビタミンC補給を心がけてください。詐欺に遭いやすい運気になります。十分に注意してください。

仕事運

交友関係が広くなりチャンスに恵まれます。問題が生じてもサポートしてくれる人が現れ、解決策がみつかるでしょう。相手の立場になって物事を考え、チームワークで動くことが大切。感謝の気持ちを言葉や態度であらわすと、仕事運はさらにアップします。気持ちのいい挨拶と、電話やメールの素早いレスポンスが重要。

金運

プレゼントなど人が喜ぶことにお金を使うことが、運気を後押しします。昇給したり、副業で収入が得られるかもしれません。買い物運があるので、欲しかった物を手に入れるチャンス。お金の貸し借りはトラブルを招くので、少額でもNGです。

愛情運

※辰巳天中殺の人はアプローチは6月以降に

友人や同僚から良縁がもたらされるかもしれません。知り合いが開いてくれる飲み会には進んで参加して。春を意識したファッションで出かけるとチャンスに恵まれます。気になる相手には自分からアプローチしてOK。パートナーとは安定した関係を築くことが大切。恥ずかしがらず、あなたの気持ちをはっきり伝えましょう。

4月のおそうじ風水 ▸ 玄関。三和土を念入りに拭き、お香を焚いて。

日	六曜／天中殺 祝日・歳時記	毎日の過ごし方 ★強運日 ♠要注意日 ♥愛情運 ◆金運 ♣人間関係運	吉方位	ラッキーカラー
1 月	赤口／午未	失敗を蒸し返されて落ち込みます。植物の水やりを忘れずに。	北、南、東	クリーム色
2 火	先勝／申酉	付き合う相手は慎重に選ぶこと。人を攻撃しない態度が大切です。	北、南、北東、南西	銀色
3 水	友引／申酉	♥エステなど自己投資は惜しまないで。恋愛力がアップしそう。	北、南、北東	ワインレッド
4 木	先負／戌亥 清明	♠仕事は選ばないこと。公園のベンチでおにぎりを食べて。	南、西、北西	山吹色
5 金	仏滅／戌亥	ストレスから衝動買いしそう。オーガニック製品の購入はOK。	西、北東	黒
6 土	大安／子丑	★スポーツやキャンプなど屋外で過ごすとチャンスがめぐります。	北西、南東	ベージュ
7 日	赤口／子丑	物件のリサーチなら今日。インテリアアイテムの購入も吉。	東、北西、南東	黄色
8 月	先勝／寅卯	意識して気を引き締めること。ダイヤのアクセがお守りに。	南東、南西	金色
9 火	先負／寅卯	IT関連の人と知り合いになるかも。過度な自己アピールは×。	東、南西	銀色
10 水	仏滅／辰巳	売れ残り品に福あり。食材の無駄を省き生活習慣の見直しを。	北、南、東	キャメル
11 木	大安／辰巳	♣新しいコミュニティから声がかかったらチャンスだと考えて。	北、南、北東、南西	青
12 金	赤口／午未	華やかに過ごすとラッキー。音楽アプリのおすすめ音楽を聴いて。	北、南、北東	碧（深緑）
13 土	先勝／午未	家事の専門家による情報が○。泥つき野菜で味噌汁を作って。	南、西、北西	山吹色
14 日	友引／申酉	内面の充実を心がけて。お気に入りのサウナで整えるのも○。	西、北東	白
15 月	先負／申酉	気力はありますが空回りぎみ。書類の扱いは気をつけること。	北西、南東	オレンジ

日	曜日	六曜／干支	運気	吉方位	ラッキーカラー
16	火	仏滅／戌亥 土用	変化に対応するなら、ほかの人のスケジュールも把握すること。	東、北西、南東	ピンク
17	水	大安／戌亥	◆ハイブランドのアイテムを購入してもOK。金運が上がります。	南東、南西	赤
18	木	赤口／子丑	自分にご褒美を。仕事で知り合った人が恋の相手になるかも。	東、南西	白
19	金	先勝／子丑 穀雨	部屋の真ん中に座ると、丸く収まります。支払いは割り勘で。	北、南、東	黄色
20	土	友引／寅卯	飛行機の写真を撮ると運に弾みがつきます。気球でもOK。	北、南、北東、南西	ペパーミントグリーン
21	日	先負／寅卯	季節の花を探しに出かけましょう。いい運気に包まれます。	北、南、北東	赤
22	月	仏滅／辰巳	ルーティンワークこそ丁寧に。ビーンズサラダで運気回復。	南、西、北西	山吹色
23	火	大安／辰巳	目の前の仕事をこなせばOK。早めに帰宅し、ゆっくり入浴を。	西、北東	紺色
24	水	赤口／午未	投資額をアップするならプロのアドバイスを聞きましょう。	北西、南東	ベージュ
25	木	先勝／午未	何かを引き継ぐことになりそう。冷静になって判断すること。	東、北西、南東	キャメル
26	金	友引／申酉	お誘いが来たら参加して。食べすぎ飲みすぎには注意を。	南東、南西	金色
27	土	先負／申酉	心のこもったギフトを選んで。風呂敷を活用すると運気好転。	東、南西	白
28	日	仏滅／戌亥	家で静かに過ごしましょう。子どもにお小遣いをあげると○。	北、南、東	クリーム色
29	月	大安／戌亥 昭和の日	♣玄関を掃除して整えると、いい知らせが飛び込んでくるかも。	北、南、北東、南西	ペパーミントグリーン
30	火	赤口／子丑	気疲れしそう。コンサートなど音楽に包まれる場所に行って。	北、南、北東	ワインレッド

静運　2024.5.5 ～ 2024.6.4

開運3か条

- 会食は割り勘で
- お年寄りを大切にする
- ゴールドのアクセサリーを

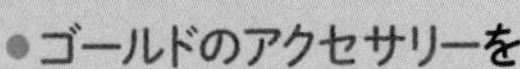

❋日常生活を楽しんで開運を

街は透明感のある初夏の光に包まれますが、あなたの気持ちはいまひとつ盛り上がりに欠けます。前進しようとすれば邪魔が入り、ストレスを感じます。今月は家で過ごす時間を充実させましょう。掃除やインテリアプランを立てたり、子どもと丁寧に向き合ったりすることがおすすめ。周囲の意見に耳を傾け、思うようにならないことがあってもやけを起こしてはいけません。何事もほどほどで満足することが大切です。判断に迷うことがあれば家族に相談を。また、親戚からの相談ごとには親身になって、丸く収まるようにサポートしましょう。

あなたにとってマイナスになるような縁は、ここで断ち切るチャンスです。一度リセットボタンを押すことは、あなたにとってよりよい出会いへの準備になります。

5月の吉方位	北、南
5月の凶方位	西、北東、北西、南東、南西

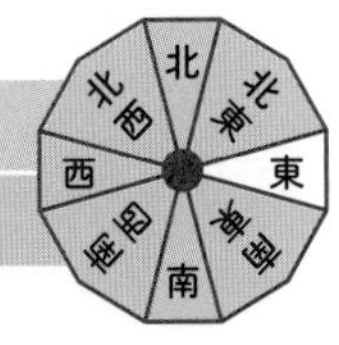

辰巳天中殺

油断が大きなミスにつながります。どんなことも手を抜かず、ダブルチェックを忘れないように。頑固になると、身動きがとれなくなります。相談ごとは実母か、子どもを持つ女性の友人に。

仕事運

周囲のアドバイスに耳を傾け、自分のやるべきことに集中して。慎重に進め、結果的に丸く収まるように努力しましょう。頼まれると断れないあなたですが、できないことは引き受けないように。スケジュールをうまく調整し、プライベートの時間を多くとるようにしてください。謙虚な態度で過ごしていれば運気は安定します。

金運

ゴールデンウィークの外出で収支のバランスが崩れそう。食材の無駄をなくし、手作り弁当を持参するなどしてお金のやりくりを工夫しましょう。不用品は邪気になるので片づけて、リサイクルにまわして。住まいを整えるための費用は惜しまず出してOKです。

愛情運

新しい出会いは期待できません。むやみに自分から求めるとトラブルになる運気。出会いの場に出かけるよりも、魅力アップのために時間を使いましょう。どっちつかずの関係には終止符を打つタイミング。気持ちを整理したほうがいいでしょう。パートナーとうまく信頼関係を築けている人は結婚話が進むかもしれません。

5月のおそうじ風水 ▸ **キッチンのゴミ箱。外側やふたの裏も拭く。**

日	曜	六曜／天中殺 祝日・歳時記	毎日の過ごし方 ★強運日 ♠要注意日 ♥愛情運 ◆金運 ♣人間関係運	吉方位	ラッキーカラー
1	水	先勝／子丑 八十八夜	背伸びせずゆとりを持って。テラコッタの鉢植えがラッキー。	南、西、北西	山吹色
2	木	友引／寅卯	噂話が始まったらその場から静かに離れて。悩みが消えます。	西、北東	水色
3	金	先負／寅卯 憲法記念日	海辺を歩いて日光浴しましょう。ご当地グルメも味わって。	北西、南東	紫
4	土	仏滅／辰巳 みどりの日	家族と一緒に出かけると吉。公園でピクニックもおすすめ。	東、北西、南東	ピンク
5	日	大安／辰巳 こどもの日 立夏	◆友人とグルメを楽しんで。金運につながるチャンスあり。	南東、南西	金色
6	月	赤口／午未 振替休日	家中の時計をチェックし、必要ならメンテナンスに出して。	東、南西	銀色
7	火	先勝／午未	昔の友人に迷惑をかけられるかも。不用意に動かないこと。	北、南、東	黄色
8	水	仏滅／申酉	出会いからトラブルが。キッチンカーでランチを買うと○。	北、南、北東、南西	黄緑
9	木	大安／申酉	♥寝室のぬいぐるみは片づけましょう。よいご縁がめぐります。	北、南、北東	茶色
10	金	赤口／戌亥	地道な取り組みは大事ですが、疲れが出ないよう気をつけて。	南、西、北西	黒
11	土	先勝／戌亥	エネルギーは低め。川べりを散歩するといい気に包まれます。	西、北東	紺色
12	日	友引／子丑 母の日	プレゼントはフレグランスを選んで。レストランの食事も○。	北西、南東	ベージュ
13	月	先負／子丑	人間関係に変化がありそう。肉料理を食べ、スタミナをつけて。	東、北西、南東	キャメル
14	火	仏滅／寅卯	皮肉を言わないように。プラチナのアクセをつけて外出を。	南東、南西	赤
15	水	大安／寅卯	クラウドファンディングで誰かの夢を応援すると運気が好転。	東、南西	白

日	曜	六曜／空亡	運勢	吉方位	ラッキーカラー
16	木	赤口／辰巳	仕事よりプライベートを優先。植物の手入れをしましょう。	北、南、東	クリーム色
17	金	先勝／辰巳	♣ニュースをチェックしてから外出を。チャンスを生かせます。	北、南、北東、南西	青
18	土	友引／午未	自己主張はほどほどに。園芸店で観葉植物を買いましょう。	北、南、北東	碧（深緑）
19	日	先負／午未	フルーツ狩りに出かけ自然の中で過ごして。気分転換が○。	南、西、北西	山吹色
20	月	仏滅／申酉 小満	♠人を疑うと運気ダウン。内面の充実を心がけ、家で過ごして。	西、北東	水色
21	火	大安／申酉	★勝負運があるので積極的にチャレンジを。きちんとメイクして。	北西、南東	赤
22	水	赤口／戌亥	テーブルを拭いて花を飾りましょう。臨機応変に対応できます。	東、北西、南東	白
23	木	先勝／戌亥	年下の人からいいアイデアをもらえそう。趣味を充実させて。	南東、南西	金色
24	金	友引／子丑	目上の人と信頼を築けるかも。話題の寿司店でランチが吉。	東、南西	青
25	土	先負／子丑	クローゼットの不用品を整理し、フリマアプリに出品すると○。	北、南、東	キャメル
26	日	仏滅／寅卯	自分にご褒美を。買い物運があるので友人を誘って出かけて。	北、南、北東、南西	銀色
27	月	大安／寅卯	♥まわりから注目されそう。始めたら最後までやり遂げること。	北、南、北東	ワインレッド
28	火	赤口／辰巳	地味な作業が続いても怠（なま）け心は禁物。公園でリフレッシュを。	南、西、北西	黒
29	水	先勝／辰巳	頑張りすぎないでコーヒーブレイクを。噴水のそばに行って。	西、北東	白
30	木	友引／午未	白黒はっきりするとき。ダンス動画を観るとパワーアップに。	北西、南東	オレンジ
31	金	先負／午未	相続のことはきちんとしておくこと。親に電話をしましょう。	東、北西、南東	ピンク

結実運　2024.6.5 〜 2024.7.5

開運3か条
- グルメを楽しむ
- タクシーに乗る
- 腕時計をつける

❋ 運気は好転中。思いやりを忘れずに

たっぷりとパワーが充電され、心身ともに活気にあふれます。バランス感覚を意識して行動すれば、スムーズに物事が展開するでしょう。調子がいいので、ついつい欲張りになりがちですが、常に見えない物の価値を考えることが大切です。強気な発言をすると、周囲と溝をつくることになります。周囲のサポートがなければ、成功は遠のきます。特に目上の人への生意気な言動はご法度。独りよがりにならず、周囲への気配りを忘れないようにしましょう。

もともと困っている人を見過ごせないあなたですが、外国人にも救いの手を差し伸べて。また、困っている人がいたら、手助けをしてください。寄付も積極的に行うことで、運気の貯金につながります。

6月の吉方位	南西
6月の凶方位	北、南、西、北東、北西、南東

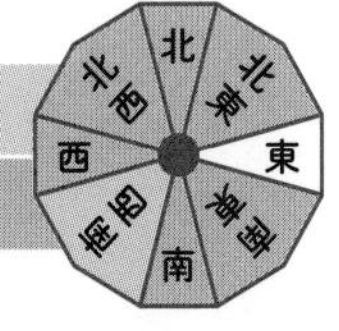

この天中殺の人は要注意

午未天中殺

子どもや部下に関するアクシデントが起きそう。助けを求めても、応えてくれる人は少ないかもしれません。思い込みで行動すると、周囲の信頼を失うことになります。静かに過ごすように努めて。

仕事運

新しいチャンスに恵まれ、仕事の幅が広がります。上司など目上の人からの引き立てが、あなたのやる気を後押ししてくれるでしょう。結果もついてくるので、楽しく仕事に向き合えるはず。忙しくなりますが、焦らず落ち着いて事にあたりましょう。幸せを感じたら周囲におすそ分けを。礼儀や身だしなみにも気を配りましょう。

金運

仕事運が好調なので、昇給や臨時収入を期待できます。交際費が増えますが、必要経費と考えてOK。ハイブランドに目がとまったら、予算オーバーに気をつければ購入してもいいでしょう。大人の落ち着きと魅力をアピールできる物がおすすめです。

愛情運

※午未天中殺の人は新しい出会いは8月以降に

同僚や取引先の人など仕事を通じての出会いが期待できます。上司など目上の人からもたらされるご縁もありそうです。肩書きや収入などの条件で相手を選ばず、誠実さを重視しましょう。パートナーがいる人は、デートの時間がとれずに相手の不満が募りそう。忙しくてもこまめに連絡して、コミュニケーションをとってください。

6月のおそうじ風水 ▸ **仕事部屋。余分な物を処分して、机を拭く。**

日	曜	六曜／天中殺	祝日・歳時記	毎日の過ごし方 ★強運日 ♠要注意日 ♥愛情運 ◆金運 ♣人間関係運	吉方位	ラッキーカラー
1	土	仏滅／申酉		クリスタルのオブジェを飾って。華やかな雰囲気に運気上昇。	南東、南西	赤
2	日	大安／申酉		金融商品の情報を集めましょう。購入ポイントもチェックを。	東、南西	銀色
3	月	赤口／戌亥		忘れ物に注意すること。先輩のアドバイスには従いましょう。	北、南、東	黄色
4	火	先勝／戌亥		♣飛行機の写真を飾るとコミュニケーション能力が上がります。	北、南、北東、南西	青
5	水	友引／子丑	芒種	アップテンポな曲がラッキー。イヤホンの音量に注意して。	北、南、北東	茶色
6	木	大安／子丑		サポート役になって相手を輝かせると、運気が回復します。	南、西、北西	山吹色
7	金	赤口／寅卯		内面の充実を心がけたい日。除湿剤を新しいものにすると吉。	西、北東	紺色
8	土	先勝／寅卯		★アグレッシブになって。思い切った行動が運気を上げます。	北西、南東	ベージュ
9	日	友引／辰巳		部屋の片づけをし、不用品を整理して。プチ模様替えも◯。	東、北西、南東	キャメル
10	月	先負／辰巳	入梅	服はかわいいテイストがおすすめ。世界が広がりチャンス到来。	南東、南西	金色
11	火	仏滅／午未		時計は文字盤のあるレトロな感じのものを選びましょう。	東、南西	白
12	水	大安／午未		トラブルに巻き込まれそう。早めに帰宅し常備菜作りを。	北、南、東	クリーム色
13	木	赤口／申酉		昔の友人に連絡しましょう。交友関係がさらに広がりそう。	北、南、北東、南西	ペパーミントグリーン
14	金	先勝／申酉		♥新しい趣味から素敵な出会いが。植物の手入れを忘れないで。	北、南、北東	ワインレッド
15	土	友引／戌亥		自分磨きに時間を使って。野菜作りや陶芸を趣味にしても。	南、西、北西	山吹色

日	曜	六曜／干支	運気	吉方位	ラッキーカラー
16	日	先負／戌亥 父の日	♠父親を誘って温泉でゆっくり。穏やかに過ごすと運気が回復。	西、北東	黒
17	月	仏滅／子丑	新しいことを発信しましょう。フレグランスで気分を上げて。	北西、南東	赤
18	火	大安／子丑	まわりの変化に心が乱れそう。高台にあるカフェでひと休みを。	東、北西、南東	ピンク
19	水	赤口／寅卯	◆笑顔で過ごしていると楽しい気分に。金運に弾みがつきます。	南東、南西	白
20	木	先勝／寅卯	多忙ですがやりがいを感じるはず。値段より品質を重視して。	東、南西	銀色
21	金	友引／辰巳 夏至	電気を消してキャンドルの灯りだけに。悪い縁も清算して。	北、南、東	黄色
22	土	先負／辰巳	浴衣や下駄を用意しておきましょう。遠方から朗報が来そう。	北、南、北東、南西	青
23	日	仏滅／午未	本の中にヒントがあります。好きな言葉をノートに書いて。	北、南、北東	赤
24	月	大安／午未	目の前のことをコツコツと。結果が出なくても焦らないで。	南、西、北西	クリーム色
25	火	赤口／申酉	悩みが増えそう。ユーカリのアロマで部屋の空気を浄化して。	西、北東	紺色
26	水	先勝／申酉	★積極的に動いてチャンスをつかんで。身だしなみは整えること。	北西、南東	オレンジ
27	木	友引／戌亥	仕事を変えたくなる出来事が。肉料理を食べてパワーチャージ。	東、北西、南東	金色
28	金	先負／戌亥	思ったより物事が進まないかも。食事中のマナーは守って。	南東、南西	白
29	土	仏滅／子丑	お金に関する相談は慎重になって。少額でも貸し借りはＮＧ。	南東、南西	赤
30	日	大安／子丑	何にやりがいを感じるのか自分を振り返る時間を持って。	東、北西、南東	キャメル

金運　2024.7.6 〜 2024.8.6

開運3か条
- パーティーに参加する
- ガールズグループの曲
- 流行のスイーツを食べる

華やかな運気。人脈を広げるチャンス

友人や仲間たちとレジャーや趣味を楽しみましょう。会食の機会も増え、新しい人間関係ができそう。未知への警戒心が強いあなたですが、信頼できる友人の紹介から人脈を開拓してみて。気心が知れてきたら、自宅などで持ち寄りパーティーを楽しむのもいいでしょう。また、高級なレストランでセレブ感を味わうと、さらに運気が開きます。ただし楽しい雰囲気に流されて、人の噂話や悪口の輪に入るとせっかくの人気運に影を落とします。無責任と誤解されるような行動も慎むように。

魅力的な笑顔をアピールするために、デンタルケアは欠かさないこと。また、口角を上げて笑うようにすると、あなたの魅力が輝きます。トレンドの食材やスイーツを調べておくと、話題に困ることはないでしょう。

7月の吉方位	南東、南西
7月の凶方位	北、南、東、西、北東、北西

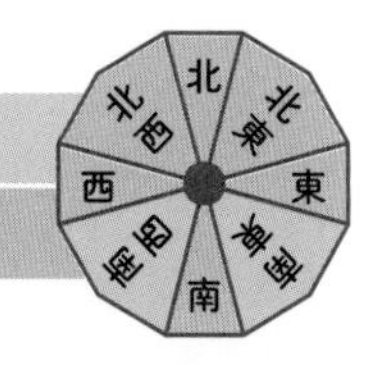

午未天中殺

思いもよらない事態に慌てそうです。状況は静かに受け入れるしかありません。契約書や委任状の記入は、他の人のチェックを受けること。不満を口にするとさらに運気が下がるので注意してください。

仕事運

気持ちを引き締め、集中して取り組めば、プレゼンや交渉はうまくいきます。好奇心のおもむくまま動いてOKですが、オンとオフの区別はしっかりつけましょう。会議では受け身でいることが多いあなたですが、思い切って発言して。気持ちが落ち着かないので、ダブルブッキングや計算ミスをしないよう気をつけましょう。

金運

レジャーなど出かけることが多く、そのぶん出費が増えます。でも、楽しく過ごすことで上昇する運気。キャッシュレス決済は支出内容をこまめにチェックし、上手にやりくりしてください。ダイヤやプラチナなど上質なアクセサリーをつけ、さらなる幸運を引き寄せて。

愛情運

※午未天中殺の人はアプローチへのOKの返事は8月に

恋のチャンスも訪れます。お誘いが来たら断らず、会話や食事を楽しみながら距離を縮めていきましょう。気になる人からアプローチされたり、お見合いの話が持ち上がることもありそうです。パートナーとは、夏休みの予定を合わせ、アウトドアレジャーを楽しんで。ふたりの関係が深まり、幸せな時間を過ごせます。

7月のおそうじ風水 ▶ **ジュエリー。お手入れをして、見せる収納を。**

★強運日　♠要注意日　♥愛情運　◆金運　♣人間関係運

日	曜	六曜／天中殺 祝日・歳時記	毎日の過ごし方	吉方位	ラッキーカラー
1	月	赤口／寅卯 半夏生	なんとなく気が急いてしまうかも。書類の管理には注意して。	北西、南東	オレンジ
2	火	先勝／寅卯	貯金を崩さないよう出費はセーブ。プリーツのアイテムが吉。	西、北東	紺色
3	水	友引／辰巳	計画は一進一退。キッチンに清潔なマットを置いて邪気祓いを。	南、西、北西	黒
4	木	先負／辰巳	準備不足なら動かないほうがよさそう。観葉植物の手入れが◯。	北、南、北東	茶色
5	金	仏滅／午未	トラブルメーカーの人とは少し距離を置いて付き合いましょう。	北、南、北東、南西	黄緑
6	土	赤口／午未 小暑	家で過ごすと気持ちが安定します。家族との時間も大切に。	北、南、東	黄色
7	日	先勝／申酉 七夕	自分にご褒美をあげて。笹に願いを書いて七夕そうめんを。	東、南西	青
8	月	友引／申酉	交友関係が広がりますが気を引き締めて。食べすぎに注意。	南東、南西	白
9	火	先負／戌亥	座禅や写経などお寺のイベントに参加を。寺カフェも◯。	東、北西、南東	ピンク
10	水	仏滅／戌亥	明暗が分かれるとき。ラッキーなら幸せのおすそ分けをして。	北西、南東	ベージュ
11	木	大安／子丑	孤立無縁かも。コットン製のシャツを着ると穏やかな気分に。	西、北東	紺色
12	金	赤口／子丑	疲れをためないように。工芸品を普段使いにして楽しんで。	南、西、北西	クリーム色
13	土	先勝／寅卯	♥好きな人の写真を窓辺に置くと恋が進展しそう。失言に注意。	北、南、北東	碧（深緑）
14	日	友引／寅卯	旅館に泊まると運に弾みがつきます。和室で食事でもOK。	北、南、北東、南西	ペパーミントグリーン
15	月	先負／辰巳 海の日	他人の失敗談から気づきがあるかも。ピザのデリバリーが吉。	北、南、東	金色

日	曜	六曜/空亡	運勢	吉方位	ラッキーカラー
16	火	仏滅/辰巳	勝負に出たくなりますが冷静に。人にご馳走しましょう。	東、南西	水色
17	水	大安/午未	◆お誘いは断らないこと。楽しむことで金運が活性化されます。	南東、南西	白
18	木	赤口/午未	親やきょうだいに連絡して。上手な取捨選択ができます。	東、北西、南東	キャメル
19	金	先勝/申酉 土用	★大きなチャレンジのタイミング。望むポジションをつかんで。	北西、南東	紫
20	土	友引/申酉	♠水回りの掃除を念入りに。洗面所のタオルを新しくすると◯。	西、北東	黒
21	日	先負/戌亥	サポート役を買って出て。農業系ボランティアがおすすめ。	南、西、北西	山吹色
22	月	仏滅/戌亥 大暑	新しい動きに気疲れするかも。レモンスカッシュを飲んで。	北、南、北東	赤
23	火	大安/子丑	♣服装を整えるとご縁が広がります。大人のマナーも大切に。	北、南、北東、南西	青
24	水	赤口/子丑	車での移動は時間に余裕を持つこと。謙虚な態度で過ごして。	北、南、東	黄色
25	木	先勝/寅卯	多忙ですが気持ちは充実します。時計の盤面を磨きましょう。	東、南西	銀色
26	金	友引/寅卯	お金に関する相談は慎重に。切れた電球はすぐに取り替えて。	南東、南西	赤
27	土	先負/辰巳	展望台がラッキー。美しい風景に気持ちをリセットできます。	東、北西、南東	金色
28	日	仏滅/辰巳	短気を起こさないで。アウトドアでは帽子を忘れないように。	北西、南東	紫
29	月	大安/午未	気が晴れないならシャワーを。水辺の近くで過ごすのもOK。	西、北東	水色
30	火	赤口/午未	地味に思える作業こそ真剣に。ステップアップできます。	南、西、北西	黒
31	水	先勝/申酉	♥お気に入りの音楽を聴くとひらめきが。良縁に恵まれるかも。	北、南、北東	ワインレッド

改革運　2024.8.7 〜 2024.9.6

開運3か条
- グランピングを楽しむ
- お寺に参詣する
- 肉料理を食べる

受け身になり、冷静さを大切に

運気は高い位置にありますが、職場や友人関係などで大きな変化がある運気がめぐってきました。望まない変化でも、静かに受け入れることが大切です。取り残されそうな気持ちになっても、流れに身をまかせて冷静に対応して。現状から脱却するような大きな決断は、迷うようなら先延ばしにしたほうがいいでしょう。

環境だけでなく、体調にも変化は出やすくなります。気になることがあるなら、早めに手当てをしてください。規則正しい生活を心がけ、体を冷やさない食生活を。ユミリー風水では冷えは邪気だと考えます。冷房で体を冷やさないようにし、入浴は湯舟にしっかり浸かりましょう。お気に入りの香りの入浴剤を使ったり、少し花びらを浮かべたりすると気持ちが安定します。

8月の吉方位	南東、北北西
8月の凶方位	北、南、西、北東、南西

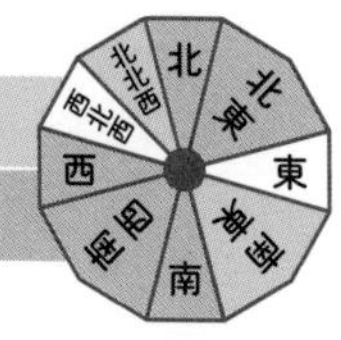

この天中殺の人は要注意

申酉天中殺

マイペースを心がけ、周囲に引きずられないようにしましょう。新しいことに手を出さず、リスクをとらないこと。家や土地にかかわる話には慎重に対応することが重要です。熱中症に注意してください。

仕事運

同僚の転勤や異動など仕事に変化がありそうです。その影響で人間関係も変わり、これまでの仕事のやり方では通用しなくなるかもしれません。引き継ぎや慣れない業務で忙しくなりますが、冷静に状況を見守りましょう。補佐的なポジションに徹し、リスクはとらないこと。昼休みはベンチなどでゆっくり休みましょう。

金運

気持ちが落ち着かず、ストレスから衝動買いしてしまいそう。お盆の帰省や旅行などでも出費が増えるので、日用品の買い物や光熱費をセーブする工夫をしましょう。同僚や友人と食事は割り勘で支払うこと。投資に関する情報を集めるといいときです。

愛情運

出会いはあっても、流れにまかせて動くのは控えたほうが○。気になる人に思いが伝わらずヤキモキしそうですが、自分からはアプローチしないように。自分磨きなどに時間を使い、普段通りのあなたでいることが大切です。パートナーとはおうちデートはもちろん、ハイキングに出かけるなど、一緒にいる時間を大切にして。

8月のおそうじ風水 ▶ **引き出し。中身を全部出して、水拭きして。**

日	曜	六曜／天中殺 祝日・歳時記	毎日の過ごし方 ★強運日 ♠要注意日 ♥愛情運 ◆金運 ♣人間関係運	吉方位	ラッキーカラー
1	木	友引／申酉	封筒はレターオープナーで丁寧に開けて。人脈が広がります。	北、南、北東、南西	銀色
2	金	先負／戌亥	新しいことをするのはNG。生活習慣を見直して夏バテ防止を。	北、南、東	黄色
3	土	仏滅／戌亥	ハンカチは上質なものを持って。円満に物事が進みます。	東、南西	青
4	日	先勝／子丑	◆努力してきたことが実り、金運に恵まれます。楽しんで。	南東、南西	白
5	月	友引／子丑	今日はリモートワークがおすすめ。体調の変化に注意して。	東、北西、南東	黄色
6	火	先負／寅卯	サングラスや帽子を取り入れたコーディネートにしましょう。	北西、南東	オレンジ
7	水	仏滅／寅卯 立秋	♠冷房で体が冷えているかも。あたたかい飲み物に癒(いや)されます。	西、北東	紺色
8	木	大安／辰巳	物事は慎重に進めて。ローテーブルに座って食事すると吉。	南、西、北西	黒
9	金	赤口／辰巳	♥新しいことを始めましょう。酸味のあるドリンクがおすすめ。	北、南、北東	赤
10	土	先勝／午未	♣飛行機に乗るとラッキー。気持ちが充実し、物事がスムーズに。	北、南、北東、南西	ペパーミントグリーン
11	日	友引／午未 山の日	お墓参りで墓石をきれいに磨いて。日陰でひと休みすること。	北、南、東	金色
12	月	先負／申酉 振替休日	外国人が困っていたらサポートを。目上の人の信頼を得ます。	東、南西	青
13	火	仏滅／申酉 お盆(↓8／16)	仲間と一緒にレジャーを楽しんで。チャンスに恵まれます。	南東、南西	赤
14	水	大安／戌亥	ホテルや旅館に泊まると○。人からのアドバイスは聞いて。	東、北西、南東	キャメル
15	木	赤口／戌亥	★美術品を置くと気分が上がります。何かに抜擢(ばってき)されたら受けて。	北西、南東	ベージュ

日	曜	六曜/空亡	マーク	運気	吉方位	ラッキーカラー
16	金	先勝/子丑		ストレスを感じやすいかも。好きな入浴剤であたたまって。	西、北東	水色
17	土	友引/子丑		パジャマはきちんと着て。仕事でステップアップできます。	南、西、北西	山吹色
18	日	先負/寅卯		コンサートやライブにツキがあります。ひらめきがありそう。	北、南、北東	茶色
19	月	仏滅/寅卯		頼まれてもすぐに受けないで。玄関前を掃除してから外出を。	北、南、北東、南西	銀色
20	火	大安/辰巳		部屋の真ん中でエクササイズをすると、気持ちが安定します。	北、南、東	黄色
21	水	赤口/辰巳		自己アピールは控えること。手土産は風呂敷に包んで渡して。	東、南西	白
22	木	先勝/午未 処暑	◆	上質なアクセサリーを。華やかな雰囲気をまとうと金運上昇。	南東、南西	赤
23	金	友引/午未		環境を変えたくなりますが、今はそのときではありません。	東、北西、南東	ピンク
24	土	先負/申酉		デートは明暗が分かれそう。海辺のレストランがおすすめ。	北西、南東	紫
25	日	仏滅/申酉	♠	穏やかな気持ちで過ごして。防災食品の賞味期限をチェック。	西、北東	黒
26	月	大安/戌亥		楽なことばかり選ばないように。枝豆を食べるとラッキー。	南、西、北西	山吹色
27	火	赤口/戌亥	♥	東にスマホを置くと、いい出会いのきっかけが訪れるかも。	北、南、北東	碧（深緑）
28	水	先勝/子丑	♣	人とのつながりからチャンスが。外出時に扇子を持つと吉。	北、南、北東、南西	ペパーミントグリーン
29	木	友引/子丑		営業は失敗に終わりそう。仕事よりプライベートを優先して。	北、南、東	キャメル
30	金	先負/寅卯		何事もバランスが大切。上司の話は静かに聞きましょう。	東、南西	銀色
31	土	仏滅/寅卯 二百十日		趣味が充実し気が大きくなりますが、出費をセーブすること。	南東、南西	赤

頂上運　2024.9.7 ～ 2024.10.7

開運3か条
- 海辺を散歩する
- ひまわりを飾る
- 身だしなみを整える

注目を集め、飛躍できるとき

今までの活動の結果が出ます。どんなときも努力を続けてきた人は大きな成果を手にするでしょう。最高潮の運気を実感できない場合は、諦めずに努力を続けてください。周囲からの注目を集め、さまざまなプロジェクトへの参加に声がかかったり、多忙な毎日になるでしょう。頼まれると断れないあなたですが、できることだけを引き受けるようにしてください。そして速さよりも精度を高めることを心がけましょう。予想外の展開も待っていそうですが、焦らず誠実さをキープすれば、スムーズに対応できるでしょう。

幸運を実感したら、周囲に幸せのおすそ分けをして。ご馳走をしたり、小さなプレゼントを贈ったりすると、さらによい気を引き寄せることができます。

9月の吉方位	南東、北北西
9月の凶方位	北、南、東、西、北東、南西

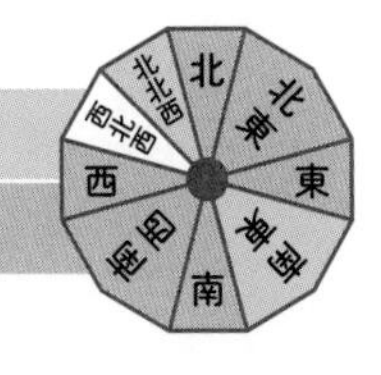

この天中殺の人は要注意

申酉（さるとり）天中殺

仕事がおろそかになります。また、収支の管理がルーズになり、資金がショートするかも。なんとか危機をクリアしたと思っても、次の天中殺の谷が待っていそう。誘われても断り、ひとりでいるように。

仕事運

やる気に満ちあふれる1か月に。積極的にチャレンジすることで、望むポジションをつかむことができます。周囲との協調を心がければ、さらなる成功も手にできるでしょう。引き立て運があるので営業はうまくいきそう。書類をきちんと用意して、名刺を持ち歩くなど、基本的なビジネスマナーを忘れないようにしてください。

金運

仕事での成功が金運につながります。注目が集まるぶん、身だしなみを整えるための投資は必要になりますが、あまり背伸びしないことも大切です。華やかな運気だからこそ、出費はセーブしましょう。くじ運はいいので、宝くじを買ってもいいでしょう。

愛情運

出会いの機会は多いので、シングルの人は理想の相手に出会えるかもしれません。将来性のある恋愛を求めるなら、冷静さをキープして。パートナーのいる人は浮気などが発覚して、ひと波乱ありそう。いずれにしても現状に固執しないほうが幸せな将来につながります。あなたの元を離れる人がいても後を追わないこと。

9月のおそうじ風水 ▶ **リビング。窓を磨いて太陽の光を入れて。**

★強運日　♠要注意日　♥愛情運　◆金運　♣人間関係運

日	曜	六曜／天中殺 祝日・歳時記	毎日の過ごし方	吉方位	ラッキーカラー
1	日	大安／辰巳	自分を見つめ直すとき。省エネグッズをチェックすると○。	東、北西、南東	ピンク
2	月	赤口／辰巳	やる気はありますが集中力がないかも。コスメポーチの整理を。	北西、南東	オレンジ
3	火	友引／午未	♠現実逃避に走りそう。映画や音楽鑑賞で気分転換しましょう。	西、北東	黒
4	水	先負／午未	専門性を高める学びなど自己投資が吉。昼食はおにぎりを。	南、西、北西	クリーム色
5	木	仏滅／申酉	表面的には華やかですが、準備不足なら挑戦しないように。	北、南、北東	ワインレッド
6	金	大安／申酉	♣話題のコミュニケーション本を探して。助っ人が現れます。	北、南、北東、南西	銀色
7	土	赤口／戌亥 白露	金箔を施した華やかなスイーツで、気分を上げましょう。	北、南、東	黄色
8	日	先勝／戌亥	身の丈に合った計画を。高層ビルの最上階から景色を眺めて。	東、南西	水色
9	月	友引／子丑 重陽の節句	目上の人から信頼を得られそう。菊のアレンジを飾ると○。	南東、南西	白
10	火	先負／子丑	スタッキングアイテムで収納を効率的に。冷静になれます。	東、北西、南東	金色
11	水	仏滅／寅卯	自分のやり方で進んでＯＫ。オープンカフェで休憩すると吉。	北西、南東	赤
12	木	大安／寅卯	何気ない言動が周囲にはわがままと映るかも。早めに帰宅を。	西、北東	紺色
13	金	赤口／辰巳	ピローフレグランスで寝室の邪気を祓い、睡眠環境を整えて。	南、西、北西	黒
14	土	先勝／辰巳	♥東に鶏のオブジェを飾ると恋が進展。丁寧な言葉遣いを。	北、南、北東	茶色
15	日	友引／午未	出会いからトラブルが。ハーブの鉢植えをキッチンに置いて。	北、南、北東、南西	黄緑

日	曜	六曜／空亡・行事	運気	吉方位	ラッキーカラー
16	月	先負／午未 敬老の日	祖父母に会いにいきましょう。家族と過ごす時間を大切に。	北、南、東	クリーム色
17	火	仏滅／申酉 十五夜	やりがいを感じるとき。ハイブランドのアイテムを身につけて。	東、南西	青
18	水	大安／申酉	◆友人との交流を大切にすると、金運につながるチャンスが。	南東、南西	赤
19	木	赤口／戌亥 彼岸入り	迷っているなら断っても。体のサインから目をそらさないで。	東、北西、南東	ピンク
20	金	先勝／戌亥	★ポジティブな感覚を味わえます。新しいことを始めると開運。	北西、南東	紫
21	土	友引／子丑	♠水辺で癒しのときを過ごして。クリスタルのアクセがお守りに。	西、北東	水色
22	日	先負／子丑 秋分の日	パワーは低めですが、フルーツ狩りで秋の味覚を満喫して。	南、西、北西	黒
23	月	仏滅／寅卯 振替休日	若い人と交友関係を深めると思わぬチャンスに恵まれるかも。	北、南、北東	赤
24	火	大安／寅卯	♣朝は窓を開け、風を通して。いいニュースも入ってきます。	北、南、北東、南西	ペパーミントグリーン
25	水	赤口／辰巳 彼岸明け	欲張らないこと。冷蔵庫の中のものだけで食事を用意して。	北、南、東	金色
26	木	先勝／辰巳	金融商品の情報を集めて。副収入の道を考えるのもおすすめ。	東、南西	銀色
27	金	友引／午未	会食の機会が増えますが仕事に身を入れること。借金はNG。	南東、南西	白
28	土	先負／午未	食材の無駄をチェックし、家計の入出金を把握しましょう。	東、北西、南東	キャメル
29	日	仏滅／申酉	きちんとメイクして外出を。アウトドアでの活動がおすすめ。	北西、南東	ベージュ
30	月	大安／申酉	運気は低迷。盗難や詐欺に遭いやすいので気をつけましょう。	西、北東	黒

停滞運　2024.10.8 ～ 2024.11.6

開運3か条
- バスグッズを新調する
- ミネラルウォーターを飲む
- 拭き掃除をする

心身のメンテナンスでパワー充電を

疲れやすくなっています。今月は無理をせず、体調管理に努めましょう。なるべく残業や休日出勤は避け、早めに帰宅すること。ローションパックで肌にたっぷり水分補給をし、ネイルも美しく整えましょう。目に留まる部分を常に美しくしておくと、自然と心にゆとりが出て、よい気を引き寄せることにつながります。

不平不満があっても口に出さず、不安があっても現実逃避しないこと。目の前の課題をクリアすることだけに力を入れてください。現状維持を目標にして穏やかな毎日を過ごしましょう。また身近な人や家族を大切にしてください。気持ちが楽になるはずです。

気分がすっきりしないときは、朝シャワーを浴び、邪気を洗い流してから1日を始めましょう。

10月の吉方位	北東
10月の凶方位	北、南、東、北西、南東、南西

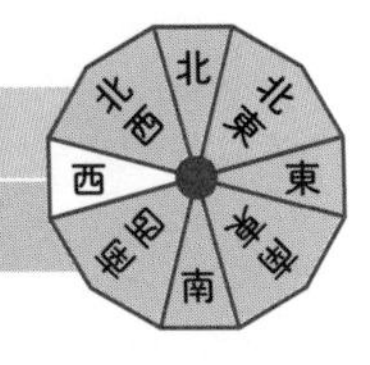

この天中殺の人は要注意

戌亥天中殺

いろいろなリクエストに振り回され、孤軍奮闘を強いられます。周囲のサポートは期待できないので、自力でなんとかするしかありません。パソコンをバージョンアップして、対応するようにしましょう。

仕事運

新しいことには手をつけず、やるべきことに集中して。普段からリスクマネジメントに長けたあなた、現状維持を心がければ大きなトラブルはなく進むでしょう。言い訳をしたり、誰かに責任転嫁をすると、運気を下げます。ストレスを感じやすいときなので、エステやスパなどで上手に息抜きをしましょう。

金運

外食や衝動買いなどでストレスを発散するのはやめましょう。もともと金運は低調なので、悩みがひとつ増えるだけ。判断力も鈍っているので、大きな買い物は避けたほうが無難ですが、エコ家電は買ってもOK。資格取得など自己投資には惜しまず使って。

愛情運

新しい出会いを求めるよりも自分磨きをして、あなたの魅力を高めましょう。人に心を開くのが苦手なあなたですが、笑顔を絶やさず聞き上手でいることが大切。パートナーのいる人は、ふたりの間にすきま風が吹きそう。温泉にいったり、美しい水辺を歩いたりして、穏やかな時間を一緒に過ごすのがおすすめです。

10月のおそうじ風水 ▶ **バスルーム。シャワーヘッドもきれいに。**

日	曜	六曜／天中殺 祝日・歳時記	毎日の過ごし方 ★強運日 ♠要注意日 ♥愛情運 ◆金運 ♣人間関係運	吉方位	ラッキーカラー
1	火	赤口／戌亥	地道な努力が大切。ベッドメイクをしてから外出しましょう。	南、西、北西	山吹色
2	水	先勝／戌亥	気疲れしそう。喉を痛めるので、声の出し方に注意すること。	北、南、北東	赤
3	木	先負／子丑	人の集まる場が吉。食べ物の近くでジャケットを脱がないで。	北、南、北東、南西	銀色
4	金	仏滅／子丑	朝食にヨーグルトを添えて。謙虚になると丸く収まります。	北、南、東	黄色
5	土	大安／寅卯	自分の理想を追求して。それに見合った展開になります。	東、南西	水色
6	日	赤口／寅卯	◆オータムカラーのファッションで外出すると運気が上昇。	南東、南西	金色
7	月	先勝／辰巳	ネガティブな言葉は口にしないで。山の写真を飾りましょう。	東、北西、南東	白
8	火	友引／辰巳 寒露	おしゃれな文房具をデスクに置いて。集中力をキープできます。	北西、南東	オレンジ
9	水	先負／午未	♠自分ファーストでOK。仕事帰りにサウナでリフレッシュして。	西、北東	紺色
10	木	仏滅／午未	やることリストを作って、小さな業務もきちんとこなすこと。	南、西、北西	クリーム色
11	金	大安／申酉	♥好きな人がいるなら枕元にお気に入りの香水瓶を置いて。	北、南、北東	ワインレッド
12	土	赤口／申酉	♣畳のある部屋で食事をすると、物事がスムーズに運びます。	北、南、北東、南西	青
13	日	先勝／戌亥	部屋の真ん中に花を飾ると心が落ち着きます。戦わないこと。	北、南、東	金色
14	月	友引／戌亥 スポーツの日	住宅街の隠れ家レストランへ。よい気の中で過ごすと○。	東、南西	白
15	火	先負／子丑 十三夜	仕事への情熱が高まる日。対人関係では気を引き締めて。	南東、南西	赤

日	曜日	六曜/空亡	運気	吉方位	ラッキーカラー
16	水	仏滅/子丑	ベンチがあったら腰かけて。気持ちをリセットできます。	東、北西、南東	ピンク
17	木	大安/寅卯	★契約を結ぶのに適した日です。身だしなみを整えましょう。	北西、南東	紫
18	金	赤口/寅卯	エネルギーは低め。早めに帰宅しオーガニック食品を食べて。	西、北東	水色
19	土	先勝/辰巳	生活を整えると運気回復。キッチンではエプロンをつけて。	南、西、北西	山吹色
20	日	友引/辰巳 土用	早起きして鳥のさえずりを聞いて。何かがひらめきます。	北、南、北東	碧（深緑）
21	月	先負/午未	新しいコミュニティから声がかかるかも。報連相の徹底を。	北、南、北東、南西	ペパーミントグリーン
22	火	仏滅/午未	動いていたことがいったん停止しますが、気持ちは安定します。	北、南、東	黄色
23	水	大安/申酉 霜降	ハードルが高いと感じる仕事になるかも。充実感があります。	東、南西	白
24	木	赤口/申酉	◆ダイヤのアクセが幸運を引き寄せます。お誘いには参加して。	南東、南西	赤
25	金	先勝/戌亥	自分から環境を変えてはいけません。流れに逆らわないこと。	東、北西、南東	黄色
26	土	友引/戌亥	感情を抑えるように。屋外でスポーツ観戦をするとラッキー。	北西、南東	紫
27	日	先負/子丑	♠自分自身を振り返るとき。実家を訪ね、家族と過ごして。	西、北東	紺色
28	月	仏滅/子丑	結果が出なくても冷静に。テラコッタのアイテムを飾って。	南、西、北西	キャメル
29	火	大安/寅卯	♥新しいことに挑戦すると注目の的に。丁寧な言葉遣いを。	北、南、北東	碧（深緑）
30	水	赤口/寅卯	♣人脈づくりに力を入れて。ハイブランドのアイテムの購入も◯。	北、南、北東、南西	黄緑
31	木	先勝/辰巳 ハロウィン	パーティーを開くなら、ピザやチーズフォンデュがおすすめ。	北、南、東	金色

基礎運 2024.11.7 〜 2024.12.6

開運3か条
- おにぎりを食べる
- ベッドカバーを替える
- ガーデニングをする

疲れをためず、ゆっくり進むこと

周囲の目を気にすることなく、クリアすべきミッションに取り組んでください。まだパワーは低めですが、慎重に取り組めば、運気の波にのることができます。粘り強く、献身的なあなたの長所を発揮して、地道な努力を続けましょう。人が嫌がる仕事も進んで引き受けてください。今まで気づかなかった適性や可能性を発見するかもしれません。また、仕事では協調性を大切にすると、思いがけない抜擢が待っていそうです。

日本の伝統工芸にも触れてみましょう。博物館や美術館だけでなく陶器市もおすすめです。気に入った陶器はしまい込まず、毎日の生活で活用して。ガーデニングをするならテラコッタの鉢やプランターを使いましょう。花だけでなく野菜作りにも挑戦をすると吉。

11月の吉方位 南、北北西

11月の凶方位 北、東、北東、南東、南西

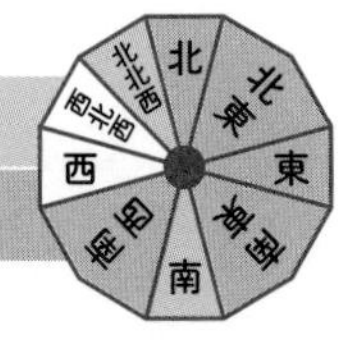

戌亥天中殺

スキャンダルに見舞われそう。過去のトラブルも蒸し返されそうです。天中殺はメンタルトレーニングのひとつと考え、冷静な姿勢でいること。お年寄りを大切にして運気の貯金を心がけて。

仕事運

人のサポートにまわり、コツコツと丁寧な仕事を心がけてください。事務処理能力に長けているので、さらなる信頼感につながるでしょう。幹事役が回ってきたらぜひ引き受けて。地道な努力は今後のステップアップにつながります。キャリアプランについてもじっくり考えてください。朝活などで勉強会に参加するのもいいでしょう。

金運

お財布の紐(ひも)は固く締め、貯蓄モードに入りましょう。気が進まないお誘いは上手に断り、交際費をセーブして。ベランダ菜園やホームメイドおやつなどで食費をコントロールするのもいいでしょう。副業を始めるのにはいい時期です。

愛情運

※戌亥天中殺の人は新しい出会いは12月以降に

人の紹介で運命の人と出会えるかもしれません。相手選びのポイントは、自分らしくいられる人かどうか。同僚や友人など周囲の意見は気にせず、しっかりと自分の目で見極めてください。デートは公園や田園風景が広がる自然豊かな場所がおすすめ。相手の話に耳を傾けると、深い信頼と愛情でつながることができます。

11月のおそうじ風水 ▶ **寝室。ぬいぐるみを片づけベッド下を掃除。**

★強運日　♠要注意日　♥愛情運　◆金運　♣人間関係運

日	曜	六曜／天中殺 祝日・歳時記	毎日の過ごし方	吉方位	ラッキーカラー
1	金	仏滅／辰巳	目上の人の信頼を得ます。望むポジションをつかめるかも。	東、南西	水色
2	土	大安／午未	◆SNSで話題のスイーツをチェック。楽しむことで金運上昇。	南東、南西	白
3	日	赤口／午未 文化の日	リフォームを考えているなら住宅展示場でアイデアをゲット。	東、北西、南東	ピンク
4	月	先勝／申酉 振替休日	★新しいことにチャレンジしましょう。存在感をアピールして。	北西、南東	オレンジ
5	火	友引／申酉	♠目の前の仕事をクリアすればOK。シンプルな靴で出かけて。	西、北東	水色
6	水	先負／戌亥	人に言えない秘密を抱えそう。コンロまわりを掃除しましょう。	南、西、北西	クリーム色
7	木	仏滅／戌亥 立冬	物事は最後までやり抜いて。あたたかいレモネードが癒しに。	北、南、北東	ワインレッド
8	金	大安／子丑	♣チャンスを生かせます。心から願っていることを思い描いて。	北、南、北東、南西	ペパーミントグリーン
9	土	赤口／子丑	家でゆっくり過ごしましょう。植物の水やりを忘れないで。	北、南、東	金色
10	日	先勝／寅卯	自分にご褒美を。博物館に行き、ミュージアムグッズを買って。	東、南西	銀色
11	月	友引／寅卯	紅葉の写真を撮って待ち受けにして。仕事に身が入ります。	南東、南西	赤
12	火	先負／辰巳	慎重な舵取りが必要かも。デスクの下には物を置かないで。	東、北西、南東	黄色
13	水	仏滅／辰巳	感情的にならないこと。窓を磨いて陽光をたっぷり入れて。	北西、南東	ベージュ
14	木	大安／午未	不安材料があっても早めに帰宅を。ホームエステでリラックス。	西、北東	白
15	金	赤口／午未 七五三	欲張らず堅実に過ごすこと。お茶を運ぶときはお盆を使って。	南、西、北西	黒

日	曜	六曜/空亡	運気	メッセージ	吉方位	ラッキーカラー
16	土	先勝/申酉	♥	好きな人に告白するなら、やさしく丁寧な言葉を選ぶこと。	北、南、北東	茶色
17	日	友引/申酉		玄関を掃除して花を飾りましょう。遠方からいい知らせが。	北、南、北東、南西	銀色
18	月	先負/戌亥		昔の失敗を蒸し返されそう。部屋のプチ模様替えがラッキー。	北、南、東	金色
19	火	仏滅/戌亥		短気を起こしてはいけません。人にご馳走すると運気が好転。	東、南西	青
20	水	大安/子丑	◆	口角を上げるリップメイクを。華やかな雰囲気で開運に。	南東、南西	黄色
21	木	赤口/子丑		お財布の中を整理。高額紙幣から使うと運気が下がるので注意。	東、北西、南東	ピンク
22	金	先勝/寅卯 小雪	★	ネイルを新しくすると気分が上がり、チャンスがめぐります。	北西、南東	オレンジ
23	土	友引/寅卯 勤労感謝の日	♠	誰も信じられなくなりそう。神社参りで邪気を祓いましょう。	西、北東	水色
24	日	先負/辰巳		パワーは低めですが、専門性を高める学びなど自己投資が○。	南、西、北西	黒
25	月	仏滅/辰巳		特別なスタートのタイミング。誤解されそうな冗談は慎んで。	北、南、北東	茶色
26	火	大安/午未	♣	季節を意識したファッションが吉。周囲の協力を得られます。	北、南、北東、南西	黄緑
27	水	赤口/午未		先輩のアドバイスには従いましょう。意外と丸く収まるかも。	北、南、東	クリーム色
28	木	先勝/申酉		周囲から反対されそう。ゴールドのアクセサリーがお守りに。	東、南西	水色
29	金	友引/申酉		交友関係は広がりますが、計画的な出費を心がけましょう。	南東、南西	赤
30	土	先負/戌亥		冬に向けて必要な家電はレンタルやサブスクを考えてみては。	東、北西、南東	キャメル

開始運　2024.12.7 〜 2025.1.4

開運3か条
- みかんを食べる
- 手土産を買う
- ピアノ曲を聴く

年末のイベントは出会いのチャンス

イベントが目白押しの12月になります。華やかな雰囲気に包まれ、楽しい２０２４年の締めくくりになりそうです。２０２５年を見据えた新しい動きをキャッチしたらぜひ参加しましょう。新たなチャレンジや、自ら動くことで運気の波にのれます。ただし、確実性が重要なので、内容はよく確認すること。ニュースを細かくチェックすれば、正しいジャッジができるでしょう。あなたの周囲が活気づき、気ぜわしくなります。雰囲気にのまれるままハイテンションになると、気づかないうちに余計なことを言ってしまいそう。口下手なあなたですから、十分に注意してください。

クリスマスや年末はコンサートやライブを楽しむといいでしょう。ピアノの演奏があればベストです。

12月の吉方位	北、北東
12月の凶方位	南、東、西、北西、南東、南西

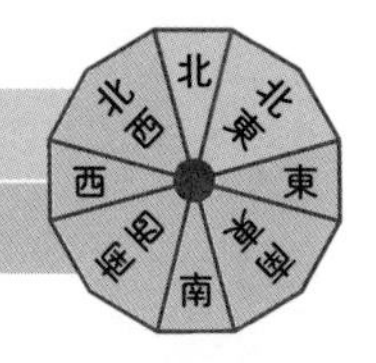

子丑(ねうし)天中殺

年末を迎え、生活のリズムが崩れます。忘年会やクリスマスパーティーで知り合った人とは一定の距離を保って。また、メールの誤送信に注意してください。待ち合わせは余裕をもって行動すること。

仕事運 ※子丑天中殺の人は仕事は現状維持で

自分から行動することで、チャンスを引き寄せられる運気。これまで準備してきたことを、持ち前の粘り強さで実行に移してください。周囲の意見を聞きながら進めると、実力以上の力を発揮できそうです。面倒なことを人まかせにしないことが大切。朝のうちに1日の行動スケジュールを決めて、効率よく進めましょう。

金運

交友関係が広がるので、そのぶん交際費が多くなりますが、お金では買えない人脈を得られるチャンスととらえましょう。ほかの出費をセーブすることで、収支のバランスをとりましょう。株を新規購入するのはOKです。まずは情報収集をして分析してください。

愛情運 ※子丑天中殺の人は新しい出会いは先にのばして

出会いに恵まれます。趣味やサークルの仲間でグループ交際から始めるのがおすすめ。自分からアプローチするとうまくいく運気。相手の話を静かに聞き、献身的で思慮深いあなたの魅力が伝わるよう努力しましょう。パートナーがいる人は、あなたの警戒心のなさから気まずい雰囲気に。早口にならないよう気をつけて。

12月のおそうじ風水 ▶ **テレビ。ホコリを取り、リモコンを拭いて。**

日	曜	六曜／天中殺 祝日・歳時記	毎日の過ごし方 ★強運日 ♠要注意日 ♥愛情運 ◆金運 ♣人間関係運	吉方位	ラッキーカラー
1	日	大安／戌亥	★会食のための服をスタイリストに選んでもらうのもあり。	北西、南東	オレンジ
2	月	赤口／子丑	加湿器を使いましょう。夜はローションパックがおすすめ。	西、北東	紺色
3	火	先勝／子丑	掃除のスケジュールを作ると○。作業時はエプロンをつけて。	南、西、北西	山吹色
4	水	友引／寅卯	みかんはカゴに入れテーブルに。気持ちが前向きになります。	北、南、北東	赤
5	木	先負／寅卯	冷静な判断が必要。出先ではコートを脱ぐタイミングに注意。	北、南、北東、南西	青
6	金	仏滅／辰巳	ゆとりを持って動かないと忘れ物をしそう。家で過ごして。	北、南、東	黄色
7	土	大安／辰巳 大雪	書斎や本棚、机のまわりを片づけて。スマホのデータも整理を。	東、南西	銀色
8	日	赤口／午未	◆華やかな場所が○。ダイヤなど上質なアクセサリーをつけて。	南東、南西	黄色
9	月	先勝／午未	周囲の流れに逆らわないこと。何かを変えたいなら髪型を。	東、北西、南東	金色
10	火	友引／申酉	人間関係の入れ替わりがありそう。静かに受け入れること。	北西、南東	紫
11	水	先負／申酉	♠ひと息ついて体力を温存。好きな入浴剤でよくあたたまって。	西、北東	白
12	木	仏滅／戌亥	職場では脇役に徹しましょう。昼食はおにぎりがおすすめ。	南、西、北西	黒
13	金	大安／戌亥	♥ピアノのある場所で待ち合わせをすると幸せを引き寄せます。	北、南、北東	碧（深緑）
14	土	赤口／子丑	玄関まわりを掃除し、近所の人に会ったら笑顔で挨拶して。	北、南、北東、南西	ペパーミントグリーン
15	日	先勝／子丑	不用品を出してリサイクルにまわして。枯れた植物は処分を。	北、南、東	金色

日	曜日	六曜/干支	運気	方位	色
16	月	友引/寅卯	上司の話は素直に聞きましょう。チームで動くと運気が好転。	東、南西	白
17	火	先負/寅卯	上手にやりくりすればクリスマスプレゼントを買っていい日。	南東、南西	赤
18	水	仏滅/辰巳	自分を見つめ直すタイミング。体調の変化にも注意して。	東、北西、南東	キャメル
19	木	大安/辰巳	★大切なことは日中に。勝負運があるので宝くじを買っても。	北西、南東	紫
20	金	赤口/午未	寝室を片づけましょう。ピローフレグランスは上質なものを。	西、北東	水色
21	土	先勝/午未 冬至	地道な努力が大事。カボチャを食べるとパワーアップ。	南、西、北西	黒
22	日	友引/申酉	ひらめきがあります。ネットショッピングでコスメを買って。	北、南、北東	ワインレッド
23	月	先負/申酉	人との交流が増えますが、頼まれごとはすぐ引き受けないで。	北、南、北東、南西	黄緑
24	火	仏滅/戌亥 クリスマス・イブ	冷蔵庫内を掃除。おうちクリスマスの用意も忘れないこと。	北、南、東	キャメル
25	水	大安/戌亥 クリスマス	自分へのご褒美にハイブランドのアイテムを買いましょう。	東、南西	水色
26	木	赤口/子丑	強気になるとトラブルになります。忙しいときこそ慎重に。	東、南西	白
27	金	先勝/子丑	戦わないこと。お正月のために金箔入りの日本酒を買って。	北、南、東	クリーム色
28	土	友引/寅卯	♣年末に向け旅館に泊まるのもあり。畳の部屋でくつろぐと吉。	北、南、北東、南西	ペパーミントグリーン
29	日	先負/寅卯	音楽を聴きながら動くと、モチベーションがアップします。	北、南、北東	碧(深緑)
30	月	仏滅/辰巳	本調子ではないので、夕食はおでんなど鍋料理にすると○。	南、西、北西	キャメル
31	火	赤口/辰巳 大晦日	ジタバタせず、家族と一緒に穏やかな年末を過ごしましょう。	西、北東	紺色

COLUMN 3

~2024年のラッキーフード~

柑橘類と酸味でエネルギーチャージを

2024年全体のラッキーフードは柑橘類や酸味です。みかんやオレンジ、レモン、お酢、梅干しを毎日の食生活に取り入れましょう。たとえばレモンならレモンティーや、サラダに添えるだけでもOK。梅干しのおにぎりも手軽でおすすめです。また、桃は邪気を祓うので旬の時期に食べましょう。

フルーツには旬があるので、フレッシュなものが手に入らないときは、写真やポストカード、イラストなどを目に入る場所に飾っておくのもいいでしょう。若々しいエネルギーに包まれる2024年ですから、ラッキーフードで体にパワーを取り入れてください。

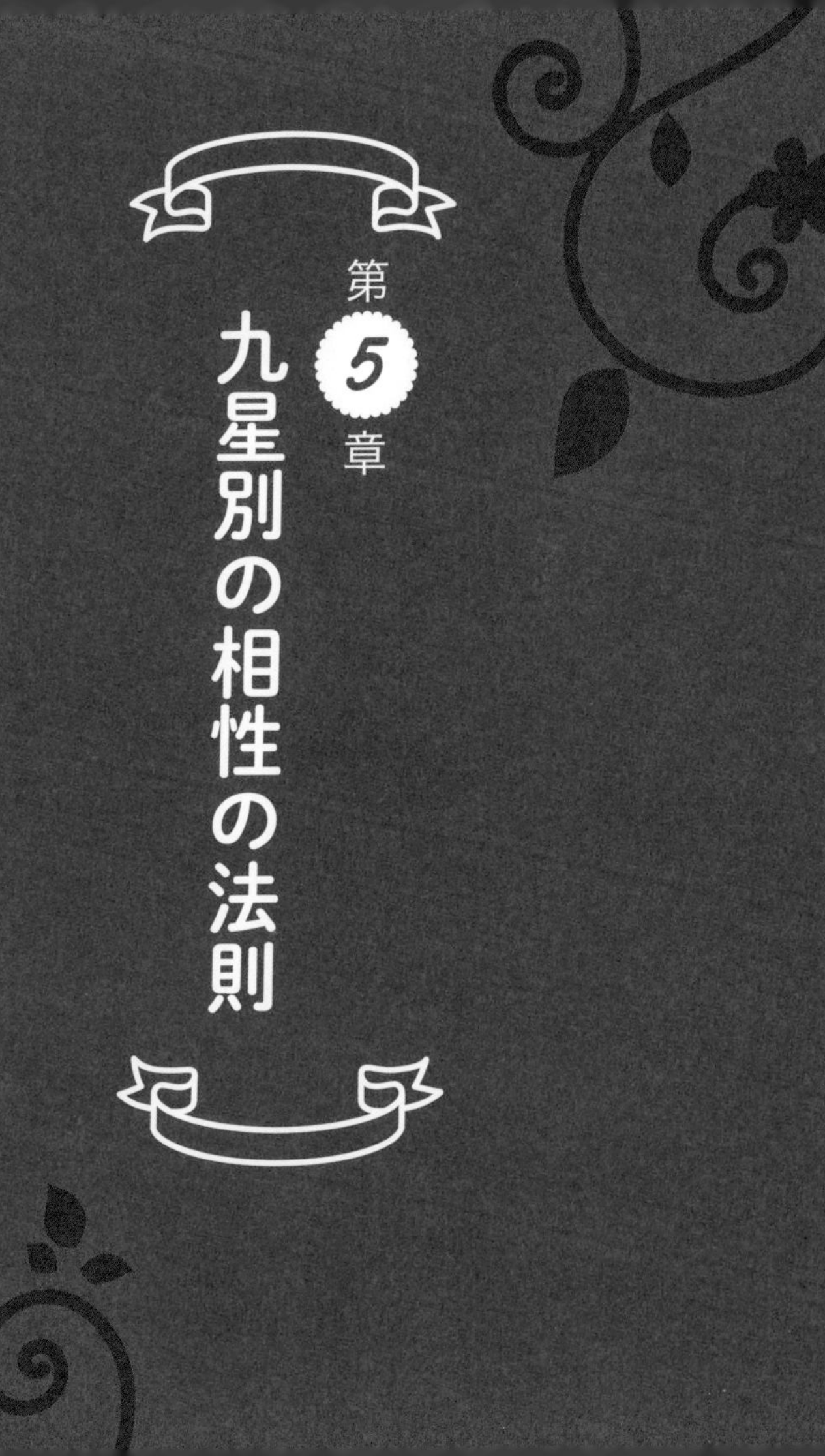

第5章 九星別の相性の法則

相性の法則

運気通りに過ごせば、相性のよい人たちを引き寄せます

幸せな人生を送るためには、相性はとても大切なものです。相性と運気は深くかかわっています。運気通りに過ごしていれば、周囲には自分と相性のいい人たちが自然と集まってきます。

また、相性が合わない人と出会ったとしても、互いに認め合える面だけで上手に付き合っていくことができるのです。

ユミリー風水では、厳密にいうと4つの要素で相性を見て総合的に判断していますが、本書では人生の基本となる生まれ年の星（カバー裏参照）、つまりライフスター同士の相性を見ていきます。

ライフスターの相性がいいとは、長い時間を一緒に過ごす住まいや職場での営みが

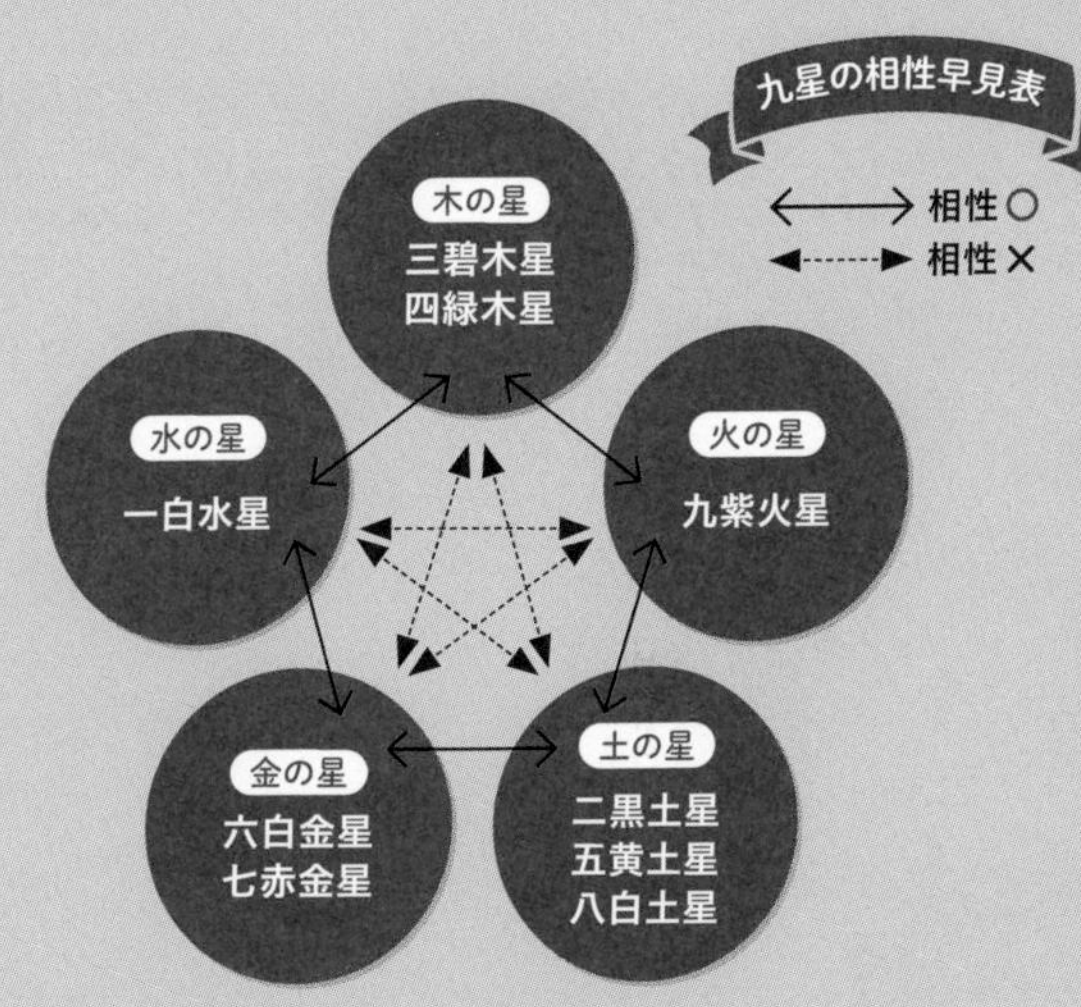

合うということを意味します。相性がいいと自分の気持ちや考え方がすんなりと相手に伝わるので、相手も理解、思いやり、感謝、愛情、親切といったものを返してくれます。逆に、相性が悪い場合は、125ページで相性が合わない場合の対処法を紹介しているので、ぜひ参考にしてください。

上の図は、ライフスター同士の相性をあらわした図です。風水の五行という考え方を取り入れ、9つのライフスターを五行に分け、相性を見ています。隣り合う星同士は相性がよく、向かい合う星同士は相性が悪いということになります。

（土の星）　（水の星）

二黒土星と一白水星

二黒は土の星で、一白は水の星。作物を育む大地の二黒は、
大きなパワーを持つ一白の水に押し流されてしまいます。

相性×

最初は親しみやすくても、二黒の土と一白の水は一緒になると泥沼になってしまうので、近づきすぎるのは避けたほうが無難。現実的な二黒は、一白のつかみどころのなさが理解できません。付き合うなら一定の距離を置いた関係で。

炊事や掃除などの家事はあらかじめ分担を決めておくこと。自分の時間が持てる環境を作ることで、関係も良好に。夫が二黒で、妻が一白ならそこそこうまくやっていけるはず。

一白の行動に口を出さないようにすること。相手の愚痴は、上手に聞き流したほうがストレスはありません。共通の趣味を楽しむ付き合い方を。

仕事面では、お互いの情報交換が大切。一白に不満があるなら、人を介して助言を。二黒が一白をリードしてあげるほうがうまくいきます。

一白水星の2024年

2024年は開始運の年。何かを始めるにはぴったりの時期です。行動的になると気分も前向きに。やりたいことにチャレンジして。

（土の星）（土の星）

二黒土星 と 二黒土星

万物を育む土の星同士。お互い動かないので、まざり合うことも なければ、お互いに悪影響を及ぼすこともありません。

恋愛

お互い縁の下の力持ちタイプ。価値観が似ているので、一緒にいると楽な相手です。なんでも相談し合える平等な関係ですが、決断を迫られたときに控えめな結論を出しがち。どちらかが積極的になることも忘れないようにしましょう。

夫婦関係では似た者同士だけに、どちらかがリーダーシップを発揮しないと、なかなか物事が進みません。自分の意見や感情を相手にぶつけることも必要です。

意見が一致することが多く、話も合うので一緒に過ごすのが楽な相手です。考え方が似ているので刺激を与え合うことはありませんが、信頼関係はばっちり。

仕事面では、お互い気心が知れているので、働きやすい相手です。息の合うふたりですが、意見の衝突があった場合は、どちらかが妥協して。

二黒土星の2024年

これまでの行動や努力の成果が見えはじめる開花運の年。人付き合いも活発になりますが、トラブルにならないように注意して。

（土の星）　（木の星）

二黒土星と三碧木星

二黒は土の星、三碧は草花の星。三碧は二黒の土の養分をどんどん吸い取り、やせた土に変えてしまう関係です。

受け身で引っ込み思案の二黒は、強引な三碧にいつも振り回されっぱなしでテンポが合いません。うまくやっていくには、二黒がオープンマインドになり、常に自分の好きなことをするなどしてエネルギーをチャージして。

三碧を心配するのはやめて自由にさせてあげましょう。ベタベタするのは控えたほうが、関係もスムーズに。二黒が妻で、三碧が夫ならそこそこうまくいくでしょう。

二黒にとって三碧は遊び相手には持ってこいの相手です。ただ、三碧に何かを期待したり、求めたりするのはNG。まじめな話も避けましょう。

仕事面では、互いのよいところを認め合うこと。仕事でのテンポは合いません。二黒のスローペースに三碧が合わせてくれればよりよい関係に。

三碧木星の2024年

運気の波がいったん止まる静運の年。新しいことを始めるよりも、生活習慣を見直したり家族と過ごしたりして余裕をもった生活を心がけて。

（土の星）　　　（木の星）

二黒土星 と 四緑木星

二黒は土の星で、四緑は木の星。二黒はたくさんの養分を四緑に与えなければならず、二黒は消耗してしまいます。

恋愛

献身的な二黒にわがままな四緑という関係です。表面的にはうまくいっているように見えますが、地味な二黒は、八方美人な四緑についていけないケースもたびたび起こります。二黒は四緑を束縛しないこと。

四緑に対しては大きな期待を抱かず、見守っていくことです。八方美人の四緑を理解しようとする努力を。二黒が妻で、四緑が夫ならうまくやっていけるでしょう。

いいかげんな態度を嫌う二黒が、約束を破りがちな四緑を許せれば長続きします。ストレスがたまるようなら表面的なお付き合いだけにして。

共通の目的を持てば、お互いにない部分を補い合い、協力関係を築くことができます。リーダーシップは四緑にとってもらうほうがベター。

四緑木星の2024年

2024年は運気が上向きになる結実運の年です。仕事で望むような活躍ができ、心身ともに充実しそう。社会的地位を固めて。

（土の星）（土の星）

二黒土星 と 五黄（ごおうどせい）土星

二黒と五黄は土の星同士。土という同じ本質なので、相容（あいい）れない関係ではありませんが、刺激し合う関係でもありません。

考え方が似ているのでお互いに興味を抱き合いますが、時間をかけて仲よくなっていく間柄。五黄と一緒にいると、二黒はいつも安心感を覚えます。忍耐強い二黒と強情な五黄は、お互いの強さを認め合えばベストパートナーに。

二黒が五黄の世話役となったり、相手の好みに合わせることで円満な関係に。じっくり時間をかけて絆を深めて。ただし、トラブルを起こすと収拾がつかなくなるので要注意。

五黄の自分勝手な面に、二黒が我慢して対応できるかどうかです。関係を長続きさせたいなら、五黄の個性を認めてあげる心の広さを持って。

お互いの気持ちがわかり合えます。二黒には忍耐力があるので、五黄のワンマンぶりにも翻弄（ほんろう）されません。一緒に粘り強く取り組んでいけます。

五黄土星の2024年

実り豊かな金運の年です。満ち足りた気分を味わうことができそう。2024年は人との交流の場にはできるだけ参加して。

（土の星）　　（金の星）

二黒土星 と 六白金星

二黒は土の星で、六白は金の星で鉱物という意味もあります。
二黒の土が長い年月をかけて鉱物を生み出すという関係です。

相性〇

恋愛

補佐役にぴったりの二黒は、リーダー的存在の六白に強く惹かれ、初対面で好感を抱きます。距離を縮めるのに時間はかからないはず。二黒がなんでも正直に話せば、六白は的を射た意見を出してくれます。

二黒が六白に尽くす関係がうまくいくでしょう。でも、あまり六白を甘やかすと調子にのるので注意して。ときには嫌なことは嫌とはっきり言葉にすることも大切です。

フィーリングは合いますが、六白のプライドは傷つけないようにして。六白に気づかれないようにさりげなく持ち上げると、関係は円満に。

仕事面では責任感のある六白を信じることです。六白を追い詰めるような物の言い方は控え、少しおだてるくらいのほうが関係はスムーズに。

六白金星の2024年

ひと区切りがつく改革運の年です。周囲に変化があるかもしれませんが、慌てずに落ち着いて。努力を継続することが大切です。

（土の星）　（金の星）

二黒土星 と 七赤金星

二黒は土の星で、七赤は金の星で鉱物という意味もあります。
土は長い年月をかけて鉱物を生み出すという関係です。

あ･うんの呼吸でわかり合えるので、同じゴールに向かって力を合わせて進んでいけます。楽しい時間を共有するにはいい相手ですが、重大な相談ごとの相手としては物足りないかも。ときには七赤をリードして。

二黒がやや頼りない七赤を叱咤激励（しったげきれい）してあげてください。浪費癖のある七赤を、金銭感覚のある二黒が縁の下の力持ち的存在となって、支えてあげるとうまくいきます。

遊び相手として七赤は最適で、場を楽しく盛り上げてくれます。でも、真剣な相談ごとをする相手としては向いていないでしょう。

仕事面では、お互いを尊重し合える間柄です。コツコツ努力型の二黒は、社交術に長けた七赤にアドバイスを求めるとうまくいきます。

七赤金星の2024年

運気が頂点に達する頂上運の年。周囲からの注目度も高くなり、実力が認められる年です。新しいことにチャレンジするのも○。

（土の星）（土の星）

二黒土星 と 八白土星（はっぱくどせい）

お互い土の星同士。持っている性質は同じ。田畑の土である二黒を、山の星である八白が大きく包み、守ることができます。

お互い共通した価値観を持っているので、強い信頼で結ばれる関係です。決断力に欠ける二黒の弱さをフォローしてくれるのも八白。二黒は八白についていくことで、安心感を得られます。

夫婦関係の場合、二黒が八白についていくとお互い自然体でいられるのでとても楽。刺激的な関係ではありませんが、波風の立たない安定した関係を築けるでしょう。

二黒は八白の気持ちを理解でき、なんでも打ち明けられるはず。まじめな話も相談できます。強い絆で結ばれた友人関係を築くことができるでしょう。

なんでも相談できる、ベストパートナーです。共通の目標があると強いパートナーシップが生まれ、お互いになくてはならない存在になります。

八白土星の2024年

季節でいえば真冬にあたる停滞運の年です。新しいことを始めるには向きません。心と体をゆっくり休めるのに適しています。

（土の星）　（火の星）

二黒土星 と 九紫火星

二黒は土の星で、九紫は火の星。土は火で燃やされた樹木を養分として与えられ、万物を育てる肥沃な土へと変わります。

お互いの価値観や感性がわかり合える関係です。ケンカになって九紫が言いたいことを言っても、二黒はそれほど気にしないで受け止めることができます。ただし、九紫のプライドを傷つけると、修復が難しくなるので注意しましょう。

二黒が九紫に尽くすことでスムーズな関係になります。九紫がしてくれたことには、きっちりリアクションをして気持ちをあらわしてあげると、よりよい関係に。

二黒にとって九紫は頼れる存在。気を遣わずなんでも話せます。九紫と一緒にいると、時間を忘れるほど楽しいひとときが過ごせます。

二黒が九紫の指示通りに動くことで、信頼が強まります。言いたいことは九紫にきちんと伝えて。二黒の能力を上手に引き出してくれます。

九紫火星の2024年

冬眠から目覚めて、活動を始める基礎運の年。基礎固めの時期にあたるので目標をしっかり定め、コツコツと努力を積み重ねましょう。

相性が合わないとき

ライフスターの相性は、毎日の営みにおける相性です。
相性が合わないのにいつも一緒だと、より摩擦が大きくなります。
自分の世界を持ち、適度な距離感を保つことがうまくやっていく秘訣です。

恋愛 同棲は避けましょう

家で夫婦のようにまったり過ごすより、デートをするなら外へ出かけたり、グループで楽しんで。いつもベッタリは控え、同棲は避けましょう。結婚間近なら、お互いに仕事を持って暮らしていけるように努力して。

夫婦 仕事や趣味を充実

家での生活にあまりにも強い執着があると、ふたりの間の摩擦がより大きくなります。夫婦の場合、共働きをしている、お互い趣味や習いごとがあるなど、自分の世界を持っていればうまくいくケースが多いのです。

友人 礼儀を忘れずに

プライベートな部分に土足で入っていくことはしないようにしましょう。親しき仲にも礼儀ありの心がけがあれば、長続きします。価値観が異なるので、相手からの相談には意見を言うよりも聞き役に回って。

仕事 感情的な言動は控えて

もともと物の見方や感性が異なることをしっかり認識すること。違うのは当たり前だと思えば腹は立ちません。相手の長所をなるべくみつけて。自分と合わないところには目をつぶって、感情的にならないように。

COLUMN 4

~2024年の休日の過ごし方~

自然や音楽を楽しんでリラックス

若草や花に触れる休日の過ごし方がおすすめです。ベランダガーデンを作ったり、アレンジメントフラワーを作って飾ったり。インテリアにグリーンを取り入れるのも忘れずに。

散歩も風水のラッキーアクションですが、特に2024年は並木道がおすすめです。春なら桜並木、秋なら銀杏(いちょう)並木を歩いて。また庭園をゆっくり散歩してもいいでしょう。

コンサートやライブで好きなアーティストの音楽を楽しむのも三碧木星の象意に合っています。家の中でもBGMを流すようにするとよい気に包まれ、リラックスできます。

運気はめぐっている

私たちの人生は、停滞運から頂上運までの9つの運気が順番にめぐってきます。いいときも悪いときも平等にやってきます。悪いときのダメージを少なくするために運気の貯金が必要です。悪いときは貯金を使い、そしてたまった運気は使うと、さらに増やすことができます。衣食住を整えることは毎日の運気の積み立て貯金。**あなたにめぐっている運気に合ったアクションで運気の貯金をしましょう。**また、吉方を生かすことで、運気の貯金をプラスできます。人は毎日の生活の中で、移動しながら活動しています。吉方へ動くことは追い風にのって楽しく移動するということ。今後の発展に影響する運気の貯金ができます。

また、吉方の神社にお参りを続けると、運気の貯金を増やすことができます。日のカレンダーにある吉方位を参考にして運気を貯金していきましょう。

❊9つの運気を理解する

停滞運　季節では真冬にあたるとき。植物が土の中でエネルギーを蓄えるように、春の芽吹きをじっと待つ時期です。思うようにならないと感じることも多くなりますが、**心と体を休めてパワーチャージしてください**。行動的になると、疲れたりトラブルに巻き込まれたりすることも。これまでの行いを振り返り、自分自身を見つめるのにいいときです。

＊運気のため方　掃除や片づけなどで水回りをきれいにして、ゆったりとした時間を過ごしましょう。食生活では上質な水をとるようにしてください。朝起きたら１杯の水を飲み、清々しい気分で１日をスタートさせましょう。

基礎運　冬眠から覚め、活動を開始するとき。自分の生活や環境を見直して、これからの人生の基礎固めをするような時期です。**目標を決め、それに向けた計画を立てましょう**。目の前のことをコツコツこなし、手堅く進んでください。また、この時期は目立つ行動は避け、サポート役に回ったほうが無難です。趣味や勉強など自分磨きには向いているので、学びたいことをみつけ、努力を続けましょう。

＊運気のため方　地に足をつけてしっかり歩ける靴を選びましょう。ガーデニングなどで土に触れると運気の貯金になります。食事は根菜類を取り入れたヘルシー料理がおすすめ。自然を意識した過ごし方で英気を養いましょう。

開始運　季節でいうと春をあらわし、秋に収穫するために種まきをするとき。**物事をスタートさせるにはいいタイミングで、やりたいことがあるならぜひチャレンジしましょう。**行動的になるほどモチベーションも上がり、気持ちも前向きになっていく運気。ただし、準備不足と感じるなら次のチャンスまで待ってください。表面的に華やかなので、ついその雰囲気につられてしまうと、中途半端なまま終わることになります。

＊運気のため方　心地いい音に包まれることで開運します。ピアノ曲をＢＧＭにしたり、ドアベルをつけたりして生活の中に美しい音を取り入れましょう。食事では梅干しや柑橘類など酸味のあるものをとりましょう。

開花運　春にまいた種が芽を出して成長し花を咲かせる、初夏をイメージするときです。これまでの努力や行動に対する成果が表れはじめ、心身ともに活気にあふれます。気持ちも充実し、新たな可能性も出てきそうです。人脈が広がってチャンスにも恵まれますが、出会いのあるぶん、トラブルも起こりやすくなります。**頼まれごとは安請け合いせず、持ち帰って冷静な判断をするようにしてください。**

＊運気のため方　食事は緑の野菜をたっぷりとるようにしましょう。住まいの風通しには気を配ってください。和室でのマナーを守り、美しい立ち居振舞いを心がけて。空間にアロマやお香などいい香りをプラスするとさらに運気が活性化されます。

静運　運気の波が止まって、静寂が訪れるようなときです。動きがなく安定しているので、ひと休みをするべき運気。**新しいことには着手せず、生活習慣を見直したり家の中で家族と過ごしたりするのがおすすめです。**思い通りにならないと感じるなら、スケジュール調整をしっかりしましょう。安定志向になるので、この時期に結婚をするのは向いています。ただし、引越しや転職などは避けてください。

＊運気のため方　この時期は時間にゆとりを持って行動することも大切。文字盤の大きい時計を置き、時間は正確に合わせておいてください。お盆やお彼岸にはお墓参りをし、きれいに掃除をしてください。

結実運　運気が上がり、仕事で活躍できるときです。やりがいを感じ、心からの充実感も味わえるでしょう。**目上の人から信頼を得られるので、自分の力をしっかりア**

ピールして社会的地位も固めましょう。また、新しいことを始めるのにも向いている時期です。真摯に取り組んでさらなる結果を出してください。ただし、何事もやりすぎには注意して。チームとして動くことで夢を実現させましょう。

＊運気のため方　ハンカチやスカーフなど小物は上質なものを選んで。高級感のある装いがさらなる幸運を呼びます。理想を追求していくと、人生もそれに見合った展開になっていくでしょう。名所旧跡を訪ねましょう。

金運　季節でいえば秋。黄金の収穫期を迎え、満ち足りた気持ちを味わうことになるでしょう。これまで努力してきたことが成果となって金運に恵まれます。交友関係も広がり、楽しいお付き合いも増えるでしょう。**楽しむことでいい運気を呼び込むことができるときなので、人との交流の機会は断らないように。**新しい世界が広がって、さらなるチャンスに恵まれます。また、仕事への情熱も高まって金運を刺激します。

＊運気のため方　宝石を身につけましょう。またデンタルケアを大切にしてください。食品の管理、冷蔵庫の掃除などにも気を配ってください。西日が強い部屋は金運を下げます。西側は特にきれいに掃除して、カーテンをかけましょう。

改革運　晩冬にあたる時期です。**家でゆっくり過ごしながら自分を見つめ直す、リ**

セットの時期です。ひと区切りがつくので立ち止まり、自己チェックを！　まわりで変化が起きますが、慌てず落ち着いて対応しましょう。迷ったら慎重になって、ときには断る勇気も必要になってきます。特にお金がからむことには首を突っ込まず、避けるようにしてください。粘り強く努力を続けることが大切です。

＊運気のため方　イメージチェンジがおすすめです。部屋に山の写真や絵を飾ると大きなビジョンで物事を考えることができるようになります。根菜類を料理に取り入れてください。渦巻き模様のアイテムが運気の発展を後押ししてくれます。

頂上運　これまでの努力が実を結び、運気の頂点に達したことを実感できるとき。積極的に動くことで実力が認められ、名誉や賞賛を手にすることができます。充実感もあり、エネルギーも湧いてくるでしょう。新しいことにチャレンジしてもOK。**存在感をアピールして、自分が望むポジションをつかみましょう。**頂上に昇ることは目立つこと！　隠しごとも露見してしまうときです。早めに善処しておきましょう。

＊運気のため方　めがねや帽子、アクセサリーなど小物にこだわったファッションを取り入れましょう。部屋には美術品などを飾り、南側の窓はいつもピカピカに磨いておくと、運気がたまります。キッチンのコンロもこまめに掃除を。

【基数早見表①】1935年〜1964年生まれ

	1月	2月	3月	4月	5月	6月	7月	8月	9月	10月	11月	12月
1935年（昭10）	13	44	12	43	13	44	14	45	16	46	17	47
1936年（昭11）	18	49	18	49	19	50	20	51	22	52	23	53
1937年（昭12）	24	55	23	54	24	55	25	56	27	57	28	58
1938年（昭13）	29	0	28	59	29	0	30	1	32	2	33	3
1939年（昭14）	34	5	33	4	34	5	35	6	37	7	38	8
1940年（昭15）	39	10	39	10	40	11	41	12	43	13	44	14
1941年（昭16）	45	16	44	15	45	16	46	17	48	18	49	19
1942年（昭17）	50	21	49	20	50	21	51	22	53	23	54	24
1943年（昭18）	55	26	54	25	55	26	56	27	58	28	59	29
1944年（昭19）	0	31	0	31	1	32	2	33	4	34	5	35
1945年（昭20）	6	37	5	36	6	37	7	38	9	39	10	40
1946年（昭21）	11	42	10	41	11	42	12	43	14	44	15	45
1947年（昭22）	16	47	15	46	16	47	17	48	19	49	20	50
1948年（昭23）	21	52	21	52	22	53	23	54	25	55	26	56
1949年（昭24）	27	58	26	57	27	58	28	59	30	0	31	1
1950年（昭25）	32	3	31	2	32	3	33	4	35	5	36	6
1951年（昭26）	37	8	36	7	37	8	38	9	40	10	41	11
1952年（昭27）	42	13	42	13	43	14	44	15	46	16	47	17
1953年（昭28）	48	19	47	18	48	19	49	20	51	21	52	22
1954年（昭29）	53	24	52	23	53	24	54	25	56	26	57	27
1955年（昭30）	58	29	57	28	58	29	59	30	1	31	2	32
1956年（昭31）	3	34	3	34	4	35	5	36	7	37	8	38
1957年（昭32）	9	40	8	39	9	40	10	41	12	42	13	43
1958年（昭33）	14	45	13	44	14	45	15	46	17	47	18	48
1959年（昭34）	19	50	18	49	19	50	20	51	22	52	23	53
1960年（昭35）	24	55	24	55	25	56	26	57	28	58	29	59
1961年（昭36）	30	1	29	0	30	1	31	2	33	3	34	4
1962年（昭37）	35	6	34	5	35	6	36	7	38	8	39	9
1963年（昭38）	40	11	39	10	40	11	41	12	43	13	44	14
1964年（昭39）	45	16	45	16	46	17	47	18	49	19	50	20

【基数早見表②】 1965 年～ 1994 年生まれ

	1月	2月	3月	4月	5月	6月	7月	8月	9月	10月	11月	12月
1965年（昭40）	51	22	50	21	51	22	52	23	54	24	55	25
1966年（昭41）	56	27	55	26	56	27	57	28	59	29	0	30
1967年（昭42）	1	32	0	31	1	32	2	33	4	34	5	35
1968年（昭43）	6	37	6	37	7	38	8	39	10	40	11	41
1969年（昭44）	12	43	11	42	12	43	13	44	15	45	16	46
1970年（昭45）	17	48	16	47	17	48	18	49	20	50	21	51
1971年（昭46）	22	53	21	52	22	53	23	54	25	55	26	56
1972年（昭47）	27	58	27	58	28	59	29	0	31	1	32	2
1973年（昭48）	33	4	32	3	33	4	34	5	36	6	37	7
1974年（昭49）	38	9	37	8	38	9	39	10	41	11	42	12
1975年（昭50）	43	14	42	13	43	14	44	15	46	16	47	17
1976年（昭51）	48	19	48	19	49	20	50	21	52	22	53	23
1977年（昭52）	54	25	53	24	54	25	55	26	57	27	58	28
1978年（昭53）	59	30	58	29	59	30	0	31	2	32	3	33
1979年（昭54）	4	35	3	34	4	35	5	36	7	37	8	38
1980年（昭55）	9	40	9	40	10	41	11	42	13	43	14	44
1981年（昭56）	15	46	14	45	15	46	16	47	18	48	19	49
1982年（昭57）	20	51	19	50	20	51	21	52	23	53	24	54
1983年（昭58）	25	56	24	55	25	56	26	57	28	58	29	59
1984年（昭59）	30	1	30	1	31	2	32	3	34	4	35	5
1985年（昭60）	36	7	35	6	36	7	37	8	39	9	40	10
1986年（昭61）	41	12	40	11	41	12	42	13	44	14	45	15
1987年（昭62）	46	17	45	16	46	17	47	18	49	19	50	20
1988年（昭63）	51	22	51	22	52	23	53	24	55	25	56	26
1989年（平1）	57	28	56	27	57	28	58	29	0	30	1	31
1990年（平2）	2	33	1	32	2	33	3	34	5	35	6	36
1991年（平3）	7	38	6	37	7	38	8	39	10	40	11	41
1992年（平4）	12	43	12	43	13	44	14	45	16	46	17	47
1993年（平5）	18	49	17	48	18	49	19	50	21	51	22	52
1994年（平6）	23	54	22	53	23	54	24	55	26	56	27	57

【基数早見表③】 1995年～2024年生まれ

	1月	2月	3月	4月	5月	6月	7月	8月	9月	10月	11月	12月
1995年（平7）	28	59	27	58	28	59	29	0	31	1	32	2
1996年（平8）	33	4	33	4	34	5	35	6	37	7	38	8
1997年（平9）	39	10	38	9	39	10	40	11	42	12	43	13
1998年（平10）	44	15	43	14	44	15	45	16	47	17	48	18
1999年（平11）	49	20	48	19	49	20	50	21	52	22	53	23
2000年（平12）	54	25	54	25	55	26	56	27	58	28	59	29
2001年（平13）	0	31	59	30	0	31	1	32	3	33	4	34
2002年（平14）	5	36	4	35	5	36	6	37	8	38	9	39
2003年（平15）	10	41	9	40	10	41	11	42	13	43	14	44
2004年（平16）	15	46	15	46	16	47	17	48	19	49	20	50
2005年（平17）	21	52	20	51	21	52	22	53	24	54	25	55
2006年（平18）	26	57	25	56	26	57	27	58	29	59	30	0
2007年（平19）	31	2	30	1	31	2	32	3	34	4	35	5
2008年（平20）	36	7	36	7	37	8	38	9	40	10	41	11
2009年（平21）	42	13	41	12	42	13	43	14	45	15	46	16
2010年（平22）	47	18	46	17	47	18	48	19	50	20	51	21
2011年（平23）	52	23	51	22	52	23	53	24	55	25	56	26
2012年（平24）	57	28	57	28	58	29	59	30	1	31	2	32
2013年（平25）	3	34	2	33	3	34	4	35	6	36	7	37
2014年（平26）	8	39	7	38	8	39	9	40	11	41	12	42
2015年（平27）	13	44	12	43	13	44	14	45	16	46	17	47
2016年（平28）	18	49	18	49	19	50	20	51	22	52	23	53
2017年（平29）	24	55	23	54	24	55	25	56	27	57	28	58
2018年（平30）	29	0	28	59	29	0	30	1	32	2	33	3
2019年（令1）	34	5	33	4	34	5	35	6	37	7	38	8
2020年（令2）	39	10	39	10	40	11	41	12	43	13	44	14
2021年（令3）	45	16	44	15	45	16	46	17	48	18	49	19
2022年（令4）	50	21	49	20	50	21	51	22	53	23	54	24
2023年（令5）	55	26	54	25	55	26	56	27	58	28	59	29
2024年（令6）	0	31	0	31	1	32	2	33	4	34	5	35

直居由美里（なおいゆみり）

京都造形芸術大学「東京芸術学舎・ライフスタイル学科」にて風水講座の講師を経て、2012年より由美里風水塾を開校。環境学の学問として、風水・家相学などを30年にわたり研究し、独自のユミリー風水を確立した。「人は住まいから発展する」というユミリーインテリアサイエンスの理念のもと、風水に基づいた家づくりを提案し、芸能人や各界のセレブにもファン多数。テレビや雑誌、講演会のほか、企業のコンサルタントとしても活躍中。2009年「易聖」の称号を得る。現在YouTubeで「ユミリー風水研究所」として幸運な人生の送り方を発信中。

YouTube　https://www.youtube.com/@user-zr9kk1be9j

公式HP　http://www.yumily.co.jp

波動表に基づいた運勢やアドバイスを毎日更新中!（携帯サイト）

『直居ユミリー恋愛♥風水』　https://yumily.cocoloni.jp

『ユミリー成功の法則』　https://yms.cocoloni.jp

ブックデザイン　フレーズ
カバーイラスト　押金美和
本文イラスト　レミイ華月
編集協力　テクト・パートナーズ、メイ
撮影　市川勝弘
ヘアメイク　今森智子
衣装協力　YUKI TORII INTERNATIONAL

九星別ユミリー風水
2024
二黒土星

2023年　8月10日　第1刷発行

著　者　直居由美里
発行者　佐藤 靖
発行所　大和書房
東京都文京区関口1-33-4
電話 03-3203-4511
本文印刷　光邦
カバー印刷　歩プロセス
製本所　ナショナル製本

ISBN978-4-479-31041-9
乱丁・落丁本はお取り替えいたします。
https://www.daiwashobo.co.jp

特別付録

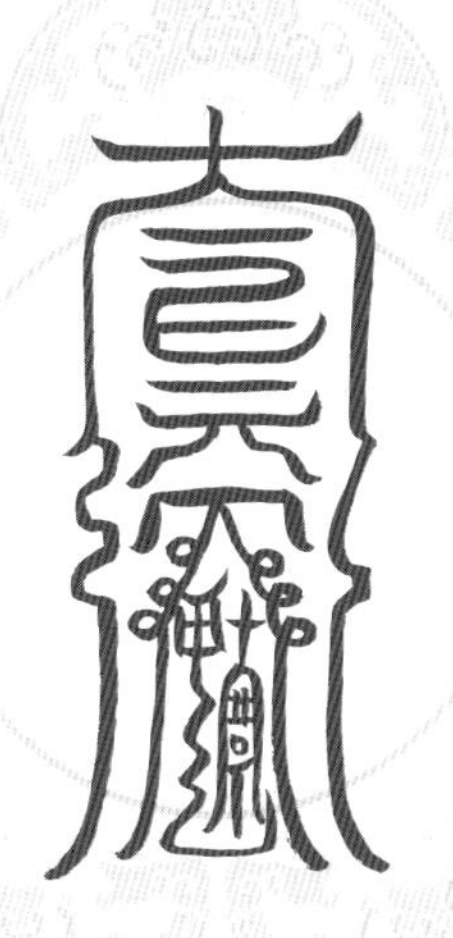

護符を毎日眺めてください。または点線で切り取り、
誰にも見えないように、いつも持ち歩くものに入れておきましょう。
願いは、いくつでもかまいません。